J'explore
LES PÔLES

DAVID ROOTES

BAYARD ÉDITIONS / OKAPI

Préface

Une étrange fascination a lancé les hommes à la découverte du monde polaire. Un monde où l'espace balayé par le vent se perd dans des immensités blanches, où le temps ne compte plus, puisqu'il faut six mois au Soleil pour se coucher et autant pour se relever. Fascination pour ces deux points mythiques, reliés par l'axe de la Terre, où s'ancre l'arceau qui soutient nos mappemondes. Fascination surtout pour l'exploit de la vie qui, envers et contre tout, réussit à se maintenir. Les plantes, les animaux, les humains qui réussissent ce pari font preuve de beaucoup d'imagination, d'inventivité et de courage.

Cette fascination puissante a poussé des hommes à affronter les pires conditions climatiques de la planète pour partir jusqu'aux extrémités de la Terre, où ils ont découvert avec émerveillement des paysages fantasmagoriques.

Ce livre vous invite à plonger dans ce monde passionnant. Vous partagerez la vie des Inuit, ces habitants de l'Arctique dont la vie exige en permanence courage et vigilance. Vous explorerez l'Antarctique où jamais personne n'a pu vivre ni fonder une civilisation. Vous connaîtrez les angoisses et les luttes de ces explorateurs obstinés dont le défi n'était qu'un point minuscule du globe. Vous comprendrez le destin de ces terres qui pour la plupart n'appartiennent à personne et dont nous sommes tous collectivement responsables.

Voyager, découvrir de nouveaux horizons, rencontrer ceux qui vivent autrement, s'émerveiller de la beauté du monde, de sa diversité et de sa richesse, voilà ce que propose *Okapi* à ses lecteurs dans chacun de ses rendez-vous. C'est pourquoi nous sommes heureux de parrainer cette magnifique collection qui vous emmène à la suite des explorateurs les plus audacieux. Elle vous accompagnera dans votre exploration personnelle en vous faisant partager les récits et les aventures de ceux qui vous ont précédés.

OKAPI

En 1902, Robert Scott, Ernest Shackleton et Edward Wilson entreprennent une expédition vers le pôle Sud en traîneau. Affaiblis par le scorbut, ils doivent rebrousser chemin. Ce tableau fut peint par Wilson en 1903.

Sommaire

Un Inuk de l'Alaska scrute l'océan Arctique à la recherche de phoques.

1. Introduction

Aux extrémités de la Terre

Une sphère lumineuse entourée de nuages qui flotte dans un ciel noir : rien n'est plus étonnant qu'une image de la Terre vue d'un vaisseau spatial. Observons de plus près les extrémités de notre planète.

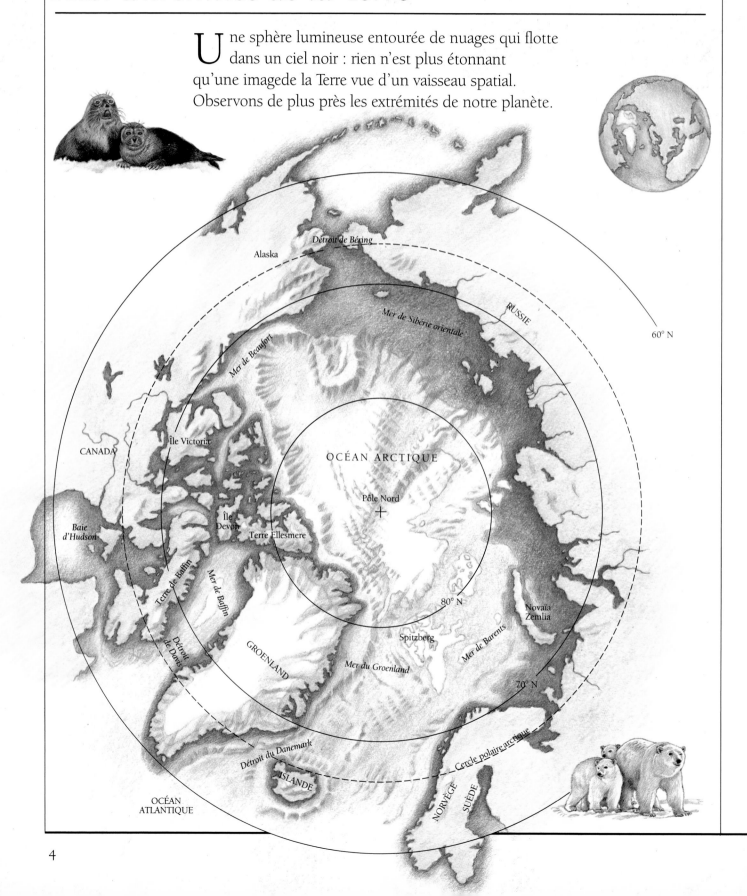

Détroit de Béring

Alaska

Mer de Sibérie orientale

RUSSIE

60° N

Mer de Beaufort

Île Victoria

CANADA

OCÉAN ARCTIQUE

Pôle Nord
+

Île Devon

Baie d'Hudson

Terre Ellesmere

80° N

Novaïa Zemlia

Terre de Baffin

Mer de Baffin

Spitzberg

Mer de Barents

Détroit de Davis

GROENLAND

Mer du Groenland

70° N

Détroit du Danemark

Cercle polaire arctique

ISLANDE

NORVÈGE

SUÈDE

OCÉAN ATLANTIQUE

La lumière y est plus forte et plus brillante, car elle est reflétée par des étendues de glaces éternelles. Au nord, une vaste **banquise** : l'Arctique. Au sud, un continent : l'Antarctique.

À la découverte du livre

Ce livre comprend cinq chapitres. Le premier expose les différences entre l'Arctique et l'Antarctique. Le deuxième est consacré aux peuples de l'Arctique (l'Antarctique n'a jamais été habité). Les deux chapitres suivants décrivent la découverte et l'exploration des régions polaires. Enfin, le dernier chapitre évoque leur importance dans le monde actuel.

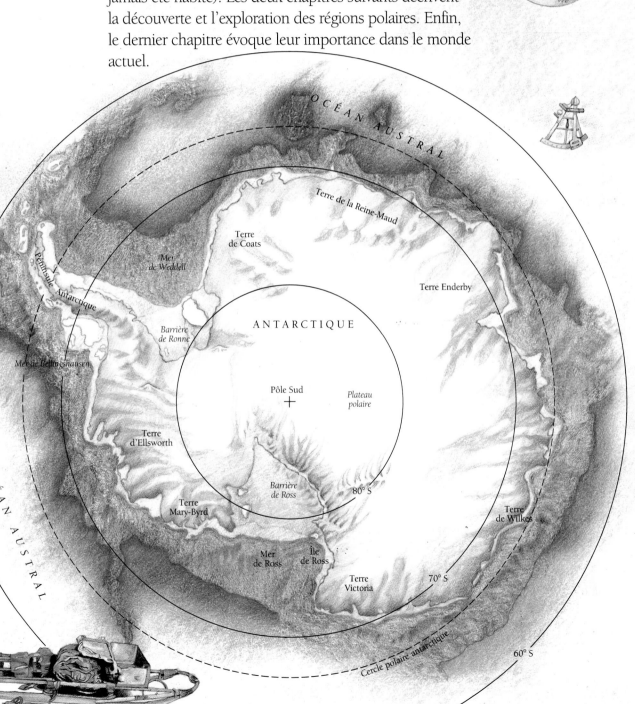

Les premiers hommes

Ce masque fut confectionné il y a 2 500 ans par les premiers habitants de l'Arctique, les hommes de la culture de Dorset.

Les **régions polaires** sont les plus froides de la Terre. Elles restent gelées en permanence, car leur blancheur éclatante renvoie les rayons du soleil. C'est en Antarctique qu'a été atteint la température la plus basse jamais enregistrée : −89,2 °C. À cette température, un verre d'eau bouillante gèle instantanément. Les **blizzards** et les étendues de glace rendent les régions polaires très peu hospitalières.

Les hommes de l'Arctique

À cause de la rigueur du **climat** et du manque de nourriture, on a longtemps pensé qu'il était impossible de vivre dans ces régions. Pourtant, il y a 20 000 ans, des hommes originaires d'Amérique du Nord et d'**Eurasie** s'aventuraient jusqu'en Arctique. Ils y pratiquaient la chasse et la pêche durant les mois les plus cléments, et repartaient vers le Sud l'hiver venu.

L'été, le soleil ne se couche jamais : les Inuit se déplacent donc plus facilement.

Le soleil de minuit

Au pôle Nord, le soleil ne se couche pas durant les six mois d'été. Il se déplace dans le ciel sans jamais disparaître : seule une montre à quartz permet de savoir s'il est midi ou minuit. Durant ces mêmes mois, au pôle Sud, le soleil ne se lève jamais : l'obscurité est permanente. Le phénomène s'inverse pendant les six autres mois de l'année.

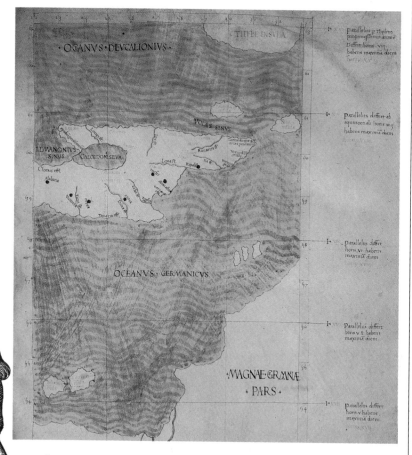

Il y a plus de 2 000 ans, le Grec Pythéas vogue vers le Nord en quête de nouveaux territoires. Cette carte ancienne représente la terre qu'il a accostée, probablement l'Islande.

Premières découvertes

Il y a plus de 2 000 ans, les savants grecs pensent qu'au nord de la terre se trouve une étendue de glace : ils la nomment *Arktos*. Ils en déduisent l'existence d'une étendue semblable au sud, qu'ils baptisent *Antarktos* (du grec *ante* qui signifie « à l'opposé »).

En 330 av. J. C., en navigant vers le Nord, le Grec Pythéas atteint probablement l'Islande. Bloqué par les glaces, il ne peut pas poursuivre son voyage. Il était à la recherche de nouvelles terres d'échanges commerciaux ; c'était à l'époque le motif essentiel des voyages de découvertes.

Le savant grec Pythagore pense que la Terre est ronde et que le pôle Nord est une terre gelée.

L'Arctique

Limite de la forêt
Limite de la banquise d'été
Limite de la banquise d'hiver

Au pôle Nord, on marche sur une immense étendue de glace qui flotte sur l'océan. L'horizon est désert. La terre la plus proche, le Groenland, est située à 650 km. La latitude exacte du pôle Nord est de 90° N, au centre d'un océan presque clos. Partout où se porte le regard, c'est le Sud. Il est possible de faire un tour de la Terre à pied en quelques instants !

Les frontières de l'Arctique

Certains scientifiques choisissent le cercle polaire comme frontière de l'Arctique. En fait, la limite de la forêt est sans doute plus appropriée. Au-delà, il fait trop froid pour que des arbres poussent.

C'est aussi une frontière déterminante pour les animaux. La **toundra** qui s'étend plus au nord ne leur offre pas d'abris pour se protéger du froid.

En mer, cette limite est marquée par la banquise. Au cœur de l'hiver, elle s'étend jusque dans l'océan Atlantique et la mer de Béring. La limite de l'expansion des glaces est souvent indiquée sur les cartes de géographie.

L'Arctique peut être délimité par plusieurs frontières. Il englobe un vaste océan presque totalement cerné par l'Amérique du Nord, l'Asie et l'Europe.

Depuis plusieurs siècles, les Inuit utilisent les huskies pour se déplacer. Ces chiens affectueux sont capables de tirer un lourd traîneau sur de grandes distances.

La glace est soumise aux **courants marins**. C'est pourquoi, même immobile, on se déplace toujours ! Le sol peut aussi se rompre à tout moment : cet océan de glace est imprévisible. De nombreux explorateurs ont vu avec effroi la banquise se briser autour de leur campement.

Les icebergs sont d'énormes blocs de glace qui se détachent des glaciers et flottent sur l'océan. La partie visible d'un iceberg représente un cinquième seulement de son volume total.

Sous la glace

L'océan Arctique est entouré par les continents de l'**hémisphère** Nord : d'un côté l'Amérique du Nord, de l'autre l'Europe et l'Asie. Entre ceux-ci s'intercalent plusieurs îles, comme le Groenland et le Spitzberg. Les seules voies maritimes vers l'Arctique sont l'Atlantique Nord et le détroit de Béring ; elles ont été empruntées par les frêles bateaux de bois des premiers explorateurs. Plus récemment, un brise-glace russe à énergie nucléaire a traversé l'océan Arctique en se frayant un passage à travers les glaces. Progressant sous la glace, des sous-marins ont profité de cassures dans la banquise pour faire surface non loin du pôle.

L'océan Arctique est couvert de glace pendant la plus grande partie de l'année. La banquise est constamment en mouvement et peut se briser à tout moment.

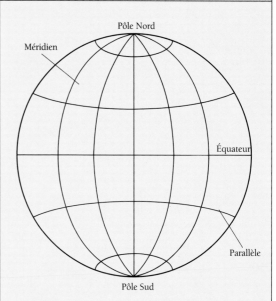

Parallèles et méridiens sur le globe terrestre.

Latitude et longitude

Un globe terrestre peut être divisé en une trame régulière de lignes verticales et horizontales. Les lignes horizontales, appelées parallèles, permettent de calculer la latitude d'un point.

Les lignes verticales, appelées méridiens, servent à définir sa longitude. Ainsi, tout point à la surface du globe peut être situé de façon précise par sa latitude et sa longitude.

Les premiers navigateurs grecs et arabes connaissaient la latitude. Ils mesuraient la position du soleil à midi par rapport à l'horizon et en déduisaient la distance les séparant de l'équateur. En effet, la latitude varie entre zéro degré (0°) à l'équateur, et 90° au pôle Nord et au pôle Sud. Chaque degré de latitude correspond à une distance d'environ 110 km. Pour donner la latitude d'un point, on indique toujours N (nord) ou S (sud) afin de savoir dans quel hémisphère il se situe. Ainsi, la latitude du pôle Nord est de 90° N, celle de Paris de 48° 50' N, celle de Sydney, en Australie, de 33° S et celle du pôle Sud de 90° S.

Pour une plus grande précision, les degrés sont divisés en **minutes** ('). Il y a 60 minutes dans un degré, tout comme il y a 60 minutes dans une heure.

L'Antarctique

Le pôle Sud est la région la plus froide de notre planète. Même en été, les températures y sont toujours négatives. En temps normal, elles oscillent entre −20 °C et −30 °C, mais parfois elles descendent beaucoup plus bas.

Le froid est si intense qu'il ne neige presque jamais. À ces températures, respirer fait mal aux dents et aux poumons, et le masque que l'on doit porter sur le visage se couvre rapidement d'une couche de glace à cause de la respiration.

Au sol, c'est encore plus surprenant. La glace ressemble à celle du pôle Nord, mais ici son épaisseur atteint plus de 3 km.

Un continent immense

L'Antarctique est deux fois plus vaste que l'Australie et l'on pourrait facilement y loger ensemble les États-Unis et le Mexique. Près de 2 000 km séparent le pôle Sud de la mer la plus proche.

L'Antarctique abrite les trois quarts des réserves mondiales d'eau douce. Cette énorme quantité d'eau est retenue dans la **calotte** de glace qui recouvre le continent et cache presque entièrement ses chaînes de montagnes. Seuls quelques pics rocheux émergent de la glace : on les appelle des nunataks.

Sur la côte, les quelques endroits libres de glace sont précieux : des millions de manchots et d'oiseaux de mer peuvent y construire leurs nids et se reproduire.

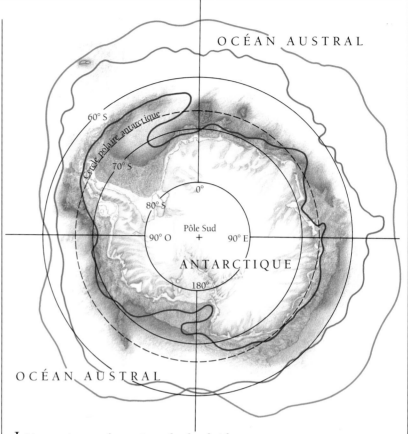

L'*Antarctique est le continent le plus froid et le plus isolé de notre planète. Il est balayé par de terribles blizzards. C'est aussi une terre « haute » dont l'altitude moyenne oscille entre 2 000 et 3 000 mètres.*

—— Convergence antarctique
—— Limite de la banquise d'été
—— Limite de la banquise d'hiver

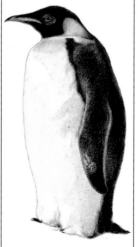

Le *manchot empereur protège son œuf, puis son poussin, en le plaçant sur ses pattes.*

Les frontières de l'Antarctique

Elles sont plus faciles à établir que celles de l'Arctique. L'Antarctique est isolé des autres continents par l'océan Austral. La terre la plus proche, l'Amérique du Sud, est distante de 750 km. La pointe de l'Afrique est à 4 000 km.

À cause de la calotte glaciaire, les eaux de l'océan Austral sont toujours très froides. Elles rejoignent les eaux plus chaudes des océans Pacifique, Atlantique et Indien le long d'une ligne appelée « convergence antarctique ». Cette ligne au tracé presque circulaire constitue les limites de l'Antarctique.

La calotte glaciaire s'effondre peu à peu dans l'océan. Les icebergs qui se détachent peuvent mesurer plusieurs centaines de kilomètres de long.

Chaque année, quelques milliers d'hommes travaillent en Antarctique, installés dans des stations confortables.

*Les scientifiques ont prélevé des **carottes** de glace pour mieux comprendre l'histoire du continent. Ils savent maintenant qu'il y a 250 millions d'années, l'Antarctique était libre de glace et abritait des dinosaures.*

Réchaud pour la cuisine polaire.

Une terre inhospitalière

Aucun peuple de l'Antiquité n'a jamais réussi à atteindre l'Antarctique. De toute façon, personne n'aurait pu y rester à cause du froid.

De nombreux navigateurs se sont égarés dans les glaces de l'océan Austral avant que l'Antarctique soit finalement découvert. Au début du XXᵉ siècle, pour la première fois, des explorateurs parviennent à passer un hiver sur ce continent. Les équipes scientifiques qui travaillent en Antarctique n'y demeurent jamais plus d'un an ou deux. Même aujourd'hui, passer sa vie au pôle Sud est impossible.

Une expédition en Antarctique est toujours une aventure ! Il faut porter en permanence des vêtements chauds et épais et se protéger les yeux contre la lumière aveuglante. Le souffle gèle sur le visage et la main posée sur du métal y reste collée. Durant l'hiver, les conditions sont encore plus terribles et personne ne se déplace.

2. Les peuples de l'Arctique

Les civilisations anciennes

Durant la préhistoire, quelques groupes d'**hommes de Neandertal** s'installent près de l'Arctique. Ils confectionnent des outils de pierre, chassent le mammouth et allument de grands feux pour combattre le froid. Il y a 20 000 ans, des hommes d'Amérique du Nord et d'Eurasie s'aventurent eux aussi dans le Grand Nord. Mais aucun de ces groupes ne s'installe durablement en Arctique.

En Amérique du Nord, la toundra s'étend largement, de l'Alaska au Groenland. En Eurasie, elle occupe une surface plus restreinte et ses habitants doivent se replier dans la forêt durant la saison froide. Aucune civilisation durable n'a donc pu y prendre racine.

La culture de Dorset

Les hommes de la culture de Dorset se sont installés dans les plaines de l'Alaska il y a environ 5 000 ans et y ont vécu pendant 2 500 ans. Leurs outils de pierre ne mesurent que 2 à 3 cm ; les archéologues en ont retrouvé jusqu'au Groenland.

Comment ces hommes ont-ils atteint l'Amérique du Nord ? On suppose qu'ils sont venus d'Eurasie par le détroit de Béring au cours de l'une des grandes glaciations. Lors de ces périodes, les eaux peu profondes du détroit étaient prises par les glaces ; il devait être possible de s'y aventurer à pied.

Les phoques fournissaient la nourriture et l'huile pour les lampes. Leurs peaux servaient à la confection de vêtements.

*Les premiers hommes de l'Arctique chassent l'**ovibos** et le mammouth, aujourd'hui disparus.*

Les cultures de Dorset et de Thulé ont leurs origines en Alaska. Ces hommes, les premiers à s'adapter à l'hiver arctique, sont les ancêtres des Inuit d'aujourd'hui.

La culture de Thulé

Les premiers habitants de l'Arctique chassent l'ovibos dans les plaines de la toundra. Ils sont peu à peu remplacés par les hommes de Thulé, une civilisation nouvelle qui prend naissance autour du détroit de Béring et plus particulièrement sur l'île Saint-Laurent. Outre les animaux terrestres, ce peuple chasse les baleines et les phoques. Les hommes construisent des traîneaux pour se déplacer sur les étendues glacées, et des bateaux en peau de morse ou de phoque. L'hiver, ils vivent dans des huttes basses, partiellement enterrées, dont le sol est fait de pierres et le toit supporté par des os de baleine. Leur communauté est prospère et harmonieuse. Tout comme les hommes de Dorset, ils s'éparpillent en Amérique du Nord et au Groenland. Ils savent exploiter au mieux les ressources limitées de l'Arctique.

Vers 1100 av. J. C., les hommes de Thulé fabriquent des parures en os telles que ce peigne.

Les habitudes vestimentaires des Inuit diffèrent suivant les ethnies. Ce chasseur porte la tenue typique des Inuit d'Amérique du Nord.

Comment s'appellent-ils ?

De multiples ethnies vivent aujourd'hui en Arctique. Chacune a un mode de vie, une identité et un nom qui lui sont propres. Collectivement, les habitants de l'Arctique sont appelés Inuit, ce qui veut dire « êtres humains ». Le mot Inuk désigne un seul individu. Le terme eskimo (ou esquimau) est, lui aussi, souvent utilisé. Dans la langue de certains Indiens d'Amérique du Nord, cela signifie « mangeur de viande crue ».

La vie dans le Grand Nord

Les Inuit sont divisés en de nombreuses tribus parmi lesquelles les Saames, les Tchouktches et les Yupiks. Environ 80 000 Inuit vivent sur les territoires allant de l'Alaska au Groenland. Ils sont plus de 600 000 en Russie.

Survivre au froid

En Arctique, il n'y a pas de bois pour construire des cabanes ou allumer du feu, et pas de laine pour confectionner des vêtements. Les premiers Inuit durent donc trouver d'autres moyens pour lutter contre le froid.

Ils utilisent pour leurs vêtements les peaux et les fourrures des animaux qui les entourent : renards polaires, caribous, ours polaires et phoques. Les femmes portent souvent de hautes cuissardes appelées *kamiks*, faites en général de peaux de phoque, très imperméables.

Les igloos

Certains Inuit construisent des maisons de neige. Nous les appelons igloos, mais, pour les Inuit, ce terme désigne tout type d'habitation. Un igloo est un assemblage de blocs de glace formant un dôme. On y entre par un petit tunnel fermé par un bloc de neige. Au-dessus de l'entrée, un bloc de glace transparent fait office de fenêtre.

Dans les années 1500, les femmes inuits s'habillaient ainsi. Ces vêtements très chauds sont fabriqués avec les peaux de différents animaux. Les cuissardes sont en peaux de phoque. La capuche de la tunique est assez large pour abriter un nouveau-né, lui-même enveloppé d'une couche protectrice de lichen.

En hiver, les igloos peuvent être construits très rapidement. Ils sont plus chauds que des tentes et résistent beaucoup mieux aux tempêtes.

À l'intérieur, il fait si chaud que l'on peut se déshabiller presque entièrement. La plupart des aliments sont consommés crus. La viande fraîche, la graisse de baleine et de phoque sont souvent au menu. À la belle saison, on mange aussi des mousses, des herbes et des œufs d'oiseaux. En hiver, les Inuit partent chasser à l'intérieur des terres. Ils s'abritent alors dans des igloos. Durant les mois plus cléments, ils préfèrent les tentes en peaux de caribou. Certaines tribus construisent des habitations faites de pierres et d'os de baleine. Plusieurs familles cohabitent et s'éclairent au moyen de lampes brûlant l'huile tirée de la graisse de baleine et de phoque.

Voyager sur la banquise

Les premiers Inuit ne disposent ni de fer ni de bois. Ils construisent kayaks et traîneaux avec des peaux de phoque et des os de baleine qu'ils assemblent avec des tendons d'animaux.

Pour tirer les traîneaux sur la neige et la glace, ils ont recours à un attelage de six à dix huskies, des chiens très résistants. Au printemps, quand la neige fond et que la banquise se brise, les Inuit troquent leurs traîneaux contre des bateaux. Les premiers Inuit utilisent deux sortes d'embarcations. Le kayak, très léger, est fait de peaux de phoque tendues sur une structure d'os de baleine. L'été, pour la chasse à la baleine, ils utilisent une embarcation plus importante, l'*umiak*, où ce sont généralement les femmes qui rament. L'*umiak* est accompagné de kayaks occupés par les chasseurs.

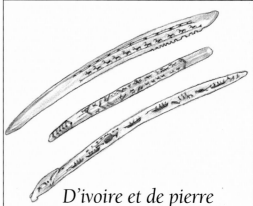

D'ivoire et de pierre

Il n'y a pas d'arbres dans la toundra, et donc pas de bois pour construire des habitations ou fabriquer des outils. De rares morceaux de métal proviennent d'échanges avec des peuples vivant dans la forêt plus au sud. Les premiers Inuit utilisent surtout les os de phoque et de baleine qu'ils trouvent en abondance. L'ivoire, plus résistant, est fourni par les défenses de morses.

Ce matériau est utilisé pour fabriquer de solides couteaux (*voir ci-dessus*), qui servent à découper les blocs de glace pour les igloos. Les os de grande taille sont très utiles pour la construction des huttes et des traîneaux. Les premiers Inuit sculptent l'ivoire, l'os et certaines pierres pour représenter les animaux de leur vie quotidienne.

Ce kayak a été construit au Groenland il y a 150 ans. Il fallait une grande habileté pour manier cet esquif lors des chasses au phoque.

Premiers explorateurs

Pendant plusieurs siècles, les Inuit sont les seuls habitants de l'Arctique. Les changements de climat les obligent à se déplacer pour trouver leur nourriture : vers le nord pendant les périodes plus chaudes, vers le sud lors des périodes plus froides. L'essor de la culture de Thulé eut lieu pendant l'un de ces changements climatiques. C'est au cours d'une autre période de réchauffement de plusieurs centaines d'années que des hommes venus d'Europe parviennent à s'implanter en Arctique.

Les Vikings

Les Vikings vivent en Scandinavie et sont d'excellents marins. Ils construisent de solides bateaux et s'établissent progressivement dans tout le nord de l'Europe. En 860 av. J. C., ils atteignent l'Islande où s'est déjà établi un groupe de moines irlandais. Moins de cent ans plus tard, les Vikings fondent le premier parlement islandais, l'Althing.

Les Vikings sont les premiers Européens à s'installer en Arctique. Sur des drakkars (ci-contre) *ils atteignent l'Islande et le Groenland.*

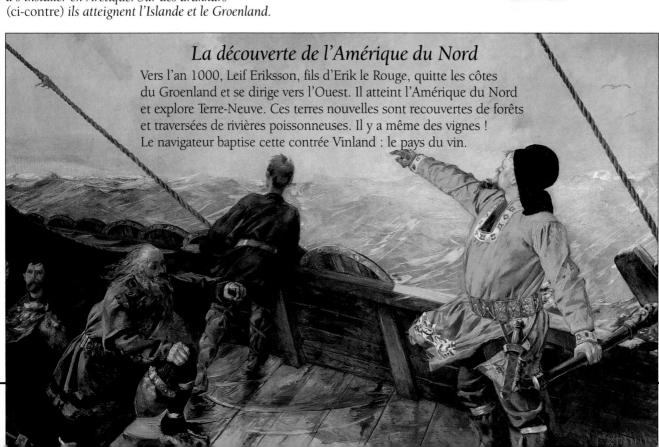

La découverte de l'Amérique du Nord

Vers l'an 1000, Leif Eriksson, fils d'Erik le Rouge, quitte les côtes du Groenland et se dirige vers l'Ouest. Il atteint l'Amérique du Nord et explore Terre-Neuve. Ces terres nouvelles sont recouvertes de forêts et traversées de rivières poissonneuses. Il y a même des vignes ! Le navigateur baptise cette contrée Vinland : le pays du vin.

Ces pierres sont les vestiges des maisons vikings du Groenland. Elles furent construites par Erik le Rouge et ses compagnons.

En 982, le Viking Erik le Rouge est banni d'Islande à cause d'un meurtre. Il décide alors de voguer vers l'ouest afin de découvrir les terres dont parlent les légendes. Après de nombreux jours en mer, il voit à l'horizon les sommets enneigés d'une terre nouvelle.

Le Groenland

L'exil d'Erik le Rouge dure trois ans. L'été, il explore les côtes de ce nouveau pays. L'hiver, il y établit une colonie. Sa peine purgée, Erik retourne en Islande et tente de recruter d'autres candidats au voyage. Pour rendre ces terres de l'Ouest plus attractives, il les baptise Greenland : le pays vert.

En 986, 26 bateaux font route vers la terre nouvelle mais seuls 14 échappent aux tempêtes. Les **colons** construisent près de la côte des maisons de pierre aux toits de tourbe. Ils pratiquent l'élevage, pêchent et chassent le morse et le phoque. Les produits de ces activités sont échangés contre du grain venu d'Europe. Contrairement aux Inuit, installés au Groenland depuis des milliers d'années, les colons vikings ne parviennent pas à vivre de leur nouvelle terre. Chaque année, un vaisseau venu de Norvège leur fournit les denrées qu'ils ne peuvent pas cultiver sur place.

La famine

Les Vikings atteignent le Groenland pendant une période climatique chaude. Mais aux alentours de l'an 1300, le climat se refroidit et les hivers s'allongent. La colonie viking connaît alors des temps très difficiles.

Les veaux nés en hiver sont malingres et les phoques se font rares en été. Les bateaux norvégiens chargés de ravitaillement ont des difficultés à franchir les eaux prises par les glaces. Bientôt, les derniers colons vikings du Groenland meurent.

La présence des Vikings en Amérique du Nord et au Groenland est vite oubliée. Il faudra attendre trois siècles avant que les Européens redécouvrent ces terres.

L'abbé voyageur

Vers l'an 500, la légende raconte que l'abbé irlandais saint Brendan vogue vers l'Islande en compagnie de 17 moines. Leur bateau en peaux de bœuf a la forme d'un panier en osier. Ils emportent des vivres et du vin pour ce périple qui les aurait conduit dans plusieurs îles aux frontières de l'Arctique. En 1976, l'explorateur Tim Severin refait ce voyage et prouve ainsi qu'il est possible.

3. La découverte de l'Arctique

Du XIVe au XVIe siècle

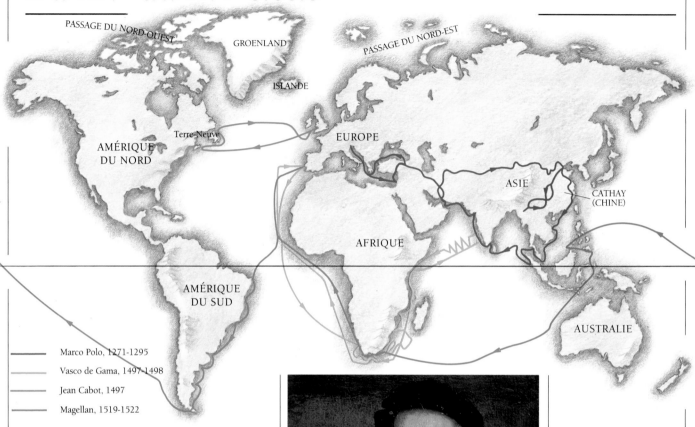

PASSAGE DU NORD-OUEST

GROENLAND

PASSAGE DU NORD-EST

ISLANDE

Terre-Neuve

EUROPE

AMÉRIQUE
DU NORD

ASIE

CATHAY
(CHINE)

AFRIQUE

AMÉRIQUE
DU SUD

AUSTRALIE

—— Marco Polo, 1271-1295

—— Vasco de Gama, 1497-1498

—— Jean Cabot, 1497

—— Magellan, 1519-1522

Après la disparition des derniers colons vikings, le Groenland est rapidement oublié par le reste du monde. L'Arctique devient un lieu de légende. De temps à autre, un vaisseau s'y égare. De retour au port, les marins décrivent un univers de vagues gigantesques et de terribles maelströms (tourbillons). On raconte les histoires effrayantes d'océans recouverts de brouillard, d'horizons déformés par les mirages et de navires broyés par des îles de glace flottantes.

Beaucoup refusent de voguer vers le nord. Pourtant, les mers entre la Grande-Bretagne et l'Islande sont très poissonneuses et attirent les pêcheurs. Pendant les tempêtes,

les bateaux se réfugient dans les baies d'Islande.

Les marins établissent des contacts avec les habitants de l'île. Ainsi, vers 1400, des négociants anglais envoient des navires pour faire du commerce avec les Islandais. Les bateaux ne naviguent qu'en été pour éviter les glaces et les tempêtes.

Les premiers explorateurs cherchent une route maritime vers le Cathay (la Chine). Les vaisseaux portugais et espagnols contournent l'Afrique et l'Amérique du Sud. Les Anglais et les Hollandais tentent de trouver un passage par le Nord.

Vasco de Gama (v. 1469-1524) (à gauche) est le premier Européen à accoster en Inde. Il contourne l'Afrique, établissant ainsi que ce continent n'est pas relié à l'Antarctique (voir page 29).

La chasse à la baleine est très dangereuse. Perchés sur des petits canots, les baleinières, les hommes s'efforcent de harponner leurs proies.

Les routes vers la Chine

Les marchands européens sont plus attirés par l'Extrême-Orient. À la fin du XIIIe siècle, Marco Polo atteint la Chine par voie de terre après un périple légendaire. Il revient à Venise en homme riche et décrit les épices, les soies et autres marchandises de cette contrée lointaine. Mais la route terrestre vers la Chine est jugée trop dangereuse ; les explorateurs portugais, espagnols et hollandais vont tenter de découvrir des routes maritimes.

En 1497-1498, Vasco de Gama contourne l'Afrique du Sud et ouvre une route aux navires marchands portugais. Entre 1519 et 1522, Magellan effectue la première navigation autour de la Terre *(voir page 28)*. Il descend jusqu'à la pointe de l'Amérique du Sud. Les vaisseaux espagnols et portugais peuvent maintenant voguer vers l'Orient. Français, Hollandais et Anglais doivent désormais trouver une route par le nord.

Jean Cabot (v. 1450-1499) est un navigateur vénitien. Installé en Angleterre, il est chargé en 1497 par le roi Henri VII de découvrir le passage vers la Chine. Après 52 jours de navigation vers l'ouest, il atteint une nouvelle terre : il vient de redécouvrir Terre-Neuve, trois siècles après les Vikings. Mais l'Angleterre, qui espérait faire commerce des épices, ne prête pas attention à sa découverte.

La Chine via l'Arctique

Aux cours des trois siècles suivants, les explorations se multiplient. Les vaisseaux anglais et hollandais tentent de contourner l'Amérique du Nord par le passage du Nord-Ouest. Ils s'aventurent également dans la direction opposée, au nord de la Russie, par le passage du Nord-Est. Aucun de ces navires ne parvient à rejoindre l'Extrême-Orient.

En 1497, Jean Cabot, accompagné ici de son fils Sébastien, quitte Bristol à la recherche d'une route vers la Chine. Il va redécouvrir l'Amérique du Nord.

À la recherche des passages maritimes

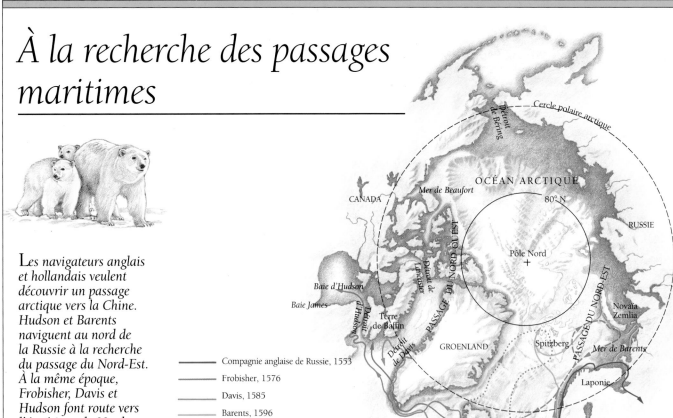

Mer de Beaufort
OCÉAN ARCTIQUE
Détroit de Béring
Cercle polaire arctique
CANADA
80° N
RUSSIE
Pôle Nord
Baie d'Hudson
Baie James
Détroit de Lancaster
PASSAGE DU NORD-OUEST
Novaïa Zemlia
Détroit de l'Hudson
Terre de Baffin
PASSAGE DU NORD-EST
Détroit de Davis
GROENLAND
Spitzberg
Mer de Barents
Laponie
ISLANDE
Mer de Norvège
Moscou

Les navigateurs anglais et hollandais veulent découvrir un passage arctique vers la Chine. Hudson et Barents naviguent au nord de la Russie à la recherche du passage du Nord-Est. À la même époque, Frobisher, Davis et Hudson font route vers l'Amérique du Nord en quête du passage du Nord-Ouest.

Compagnie anglaise de Russie, 1553
Frobisher, 1576
Davis, 1585
Barents, 1596
Hudson, 1607
Hudson, 1608
Hudson, 1610

Elisabeth I est déterminée à trouver une route du Nord vers la Chine. Les Anglais sont persuadés qu'il existe un passage au nord de l'Eurasie. Pour le trouver, ils fondent la Compagnie anglaise de Russie.

En 1553, trois vaisseaux affrétés par la compagnie quittent l'Angleterre. L'expédition est un désastre. Les équipages de deux des navires meurent de froid au large de la Laponie. Le troisième s'égare dans la mer Blanche. Son équipage quitte le navire et rejoint Moscou. Ces hommes n'ont pas trouvé la route des épices vers la Chine, mais ils ont ouvert la route de la fourrure.

Henri Hudson

Né vers 1550, l'anglais Henri Hudson est un remarquable capitaine. Il a 57 ans lorsque la Compagnie anglaise de Russie le charge d'une mission d'exploration en Arctique. Hudson quitte l'Angleterre en 1607 à bord du *Hopewell*. Il explore la côte est du Groenland et sillonne les mers au nord du Spitzberg où pullulent les baleines. Grâce aux récits de Hudson, Anglais et Hollandais vont chasser dans ces eaux pendant plus de deux siècles.

Le navire de Barents est pris par les glaces au large de la Novaïa Zemlia.

Willem Barents

En 1596, en quête du passage du Nord-Est, le Hollandais Barents pense qu'il peut contourner la banquise en poussant vers le nord. Mais son bateau est broyé par les glaces. Barents et son équipage sont contraints de passer l'hiver sur l'île de Novaïa Zemlia. Le capitaine y meurt de froid et d'épuisement. Il reste dans les mémoires comme le premier Européen à s'être aventuré aussi loin vers le nord.

Le passage du Nord-Ouest

Durant les années 1570 et 1580, les navigateurs anglais s'aventurent aussi en direction du nord-ouest. Martin Frobisher (v. 1535-1594) largue les amarres en juin 1576 et rencontre un large détroit à l'ouest du Groenland. Hélas, ce n'est pas le passage recherché, mais une grande baie s'enfonçant en Terre de Baffin.

Dix années plus tard, un autre Anglais, John Davis, découvre le détroit qui porte son nom et la mer de Baffin. Davis dessine les premières cartes des côtes du Groenland.

En avril 1610, Hudson quitte à nouveau l'Angleterre pour explorer le détroit décrit par Davis. En juin, il découvre le détroit d'Hudson. Traversant ensuite la baie d'Hudson, il atteint la baie James, où il décide de passer l'hiver. Au printemps 1611, craignant de mourir de faim, ses marins se **mutinent**. Il jettent dans un canot Hudson, son fils et quelques compagnons fidèles, puis les abandonnent. On ne les verra jamais plus. Plus tard, les mutins sont attaqués par les Inuit ; seuls huit d'entre eux parviendront à regagner l'Angleterre.

Frobisher, l'un des Anglais partis à la recherche du passage du Nord-Ouest. Plus tard, il combattit l'Armada espagnole.

Contrairement aux usages, les huit mutins ne sont pas pendus, car eux seuls connaissent la route vers la baie d'Hudson. Les expéditions suivantes établissent que la grande baie n'a pas d'issue vers l'ouest. Au cours de l'une d'entre elles, on découvre le détroit de Lancaster. Mais personne à l'époque n'imagine qu'il s'agit là du passage tant recherché.

La Cⁱᵉ de la baie d'Hudson

L'accès à la Chine par le nord paraît impossible. Anglais et Hollandais reportent alors leurs efforts sur le commerce avec l'Amérique du Nord. Hudson a ouvert une route vers le Canada. La Compagnie de la baie d'Hudson est créée en 1670 ; elle existe encore aujourd'hui.

En 1611, après un hiver en Arctique, Hudson est abandonné sur un canot par son équipage. Ils meurent, lui et son fils, non loin de la baie qui porte son nom.

La Sibérie et l'Alaska

Le navigateur danois Vitus Béring, longtemps au service de la Marine impériale russe, participe à quelques-unes des plus incroyables épopées arctiques du XVIIIe siècle. Il parcourt des milliers de kilomètres et traverse la Russie d'ouest en est.

Le tsar Pierre le Grand veut savoir si l'Asie rejoint l'Amérique du Nord. Pour cela, il envoie Béring explorer les côtes orientales de la Sibérie. Au XVIIe siècle, les trappeurs russes s'étaient aventurés de plus en plus loin vers l'est, mais personne n'avait encore atteint l'extrémité de l'immense pays.

En 1725, Béring quitte Moscou pour sa première expédition. Il parcourt 8 000 km à travers la Sibérie pour atteindre le Pacifique et s'établit sur la presqu'île de Kamtchatka. Sur place, il construit des bateaux pour explorer la Sibérie orientale et l'Arctique. En 1728, il s'engage dans le détroit qui sépare la Sibérie de l'Amérique du Nord, mais, sans doute à cause de brumes épaisses, il ne trouve pas les côtes américaines. Il rebrousse alors chemin, pensant sa mission accomplie.

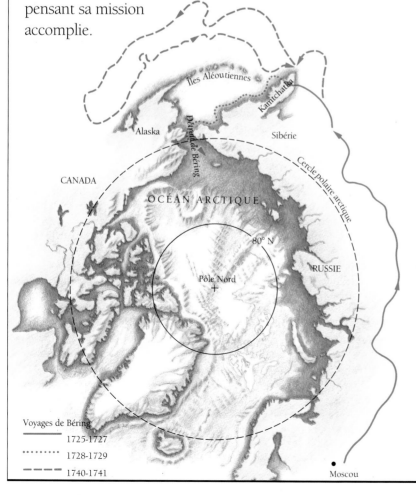

Voyages de Béring
—— 1725-1727
········ 1728-1729
- - - 1740-1741

Le commerce des fourrures

L'Arctique est entouré d'immenses forêts, dont les nombreux animaux ont toujours été chassés par l'homme. Au XVIIe siècle, ces animaux fournissent les fourrures qui habillent les riches Européens. Les voies terrestres et maritimes découvertes par Hudson permettent d'acheminer les marchandises vers le vieux continent. Hélas, il reste aujourd'hui peu de traces des voyages de ces trappeurs qui traversaient l'Amérique du Nord et la Russie.

Les navires en bois offrent une maigre protection aux marins qui parcourent les eaux glacées de l'océan Arctique.

Les marins de l'Arctique

La rude vie d'un marin de l'Arctique est très dangereuse. Les vaisseaux en bois résistent peu à la pression des glaces ; c'est pourquoi ils s'aventurent en Arctique en été seulement. L'équipage se nourrit essentiellement de bœuf ou de porc salé, de morue et de pois secs ; il boit de la bière et de l'eau.

Scoresby (1798-1857) a exploré des centaines de kilomètres de côtes arctiques.

Un tsar sceptique

Pourtant le tsar n'est pas convaincu. Il charge Béring d'une nouvelle mission. En 1740, après six années de préparatifs, le navigateur se met à nouveau en route. Il suit l'itinéraire de sa première expédition et construit de nouveaux bateaux. Cette fois, il a plus de chance ; il atteint l'Alaska, explore les îles Aléoutiennes et dessine les premières cartes des côtes du nord de la Sibérie.

En 1741, la chance de Béring tourne. Sur le chemin du retour, son navire se brise sur des récifs. Il meurt peu après du **scorbut**. Avant lui, vingt-neuf hommes ont péri au cours du voyage. Les mers riches en phoques et en baleines que Béring a découvertes vont apporter la prospérité au tsar.

Un baleinier savant

William Scoresby est l'un des chasseurs de baleines les plus réputés de son époque. Il navigue d'abord sur les navires de son père. C'est un homme brillant ; les livres qu'il publie sur l'Arctique contiennent plus d'informations scientifiques qu'aucun autre en son temps. Durant les campagnes de pêche, il étudie la forme des flocons de neige et mesure la température de l'océan. Il découvre que les eaux de l'océan Arctique sont plus chaudes en profondeur et il est le premier à en décrire les courants.

Vitus Béring naît au Danemark en 1681. Il meurt du scorbut en 1741 sur une île au large des côtes de l'Alaska.

Sir John Franklin

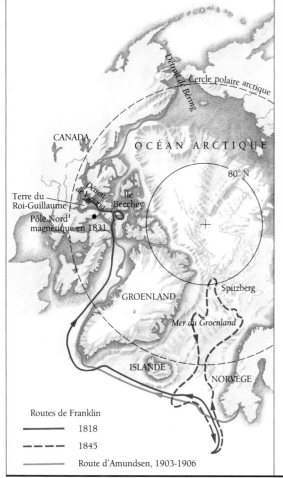

*Franklin fit plusieurs voyages dans l'Arctique
à la recherche du passage du Nord-Ouest.
Il y a trouvé la mort.*

Cercle polaire arctique

Détroit de Béring

CANADA

OCÉAN ARCTIQUE

80° N

Terre du
Roi-Guillaume
Détroit
de Victoria
Île
Beechey
Pôle Nord
magnétique en 1831

GROENLAND

Spitzberg

Mer du Groenland

ISLANDE

NORVÈGE

Routes de Franklin

—————— 1818
- - - - - - 1845
—————— Route d'Amundsen, 1903-1906

La recherche du passage du Nord-Ouest reprend de
plus belle. En 1818, la marine anglaise envoie deux
expéditions, composées chacune de deux vaisseaux.
Les hostilités entre la France et l'Angleterre sont finies
et les navires de guerre servent à des explorations.

John Franklin commande l'un de ces navires.
Né en 1786, il s'est engagé dans la marine à l'âge
de 14 ans. Il a courageusement combattu lors
de la bataille de Trafalgar et a été promu lieutenant peu
avant son départ vers l'Arctique. Lors de sa première
expédition, il explore la mer du Groenland.

Entre 1819 et 1827, Franklin dirige plusieurs
expéditions le long des côtes arctiques de l'Amérique du
Nord. Il parcourt 8 800 km en canot léger et en traîneau
dans des conditions climatiques souvent épouvantables.
À son retour en Angleterre, il est anobli par le roi.

*De nombreuses expéditions terrestres traversèrent l'Arctique canadien
à la recherche de l'extrémité occidentale du passage du Nord-Ouest.*

Le dernier voyage

En 1845, à l'âge de 59 ans, Franklin reprend la mer vers
l'Arctique. Cette fois, il est décidé à trouver le fameux
passage. Il affrète deux navires, l'*Erebus* et le *Terror*, sur
lesquels il embarque 134 officiers et hommes d'équipage
et trois ans de vivres. Franklin suit les routes découvertes
en 1818 et 1819. Au cours de l'été 1846, le détroit
de Victoria est atteint. À l'automne, les bateaux sont pris

dans les glaces, mais l'hiver se passe bien. L'été 1847, l'expédition tourne au drame. La glace ne fond pas et retient les navires prisonniers. Les vivres diminuent rapidement. Franklin meurt. Vingt et un hommes succombent à la faim, à l'épuisement et au scorbut. Désespérés, les survivants décident d'abandonner les bateaux et de tenter d'atteindre la terre à pied en marchant sur la glace. Ils espèrent rejoindre un comptoir commercial plus au sud, mais ils n'arriveront jamais à destination.

À la recherche de Franklin

En 1848, Franklin n'est toujours pas rentré en Angleterre et l'on décide de partir à sa recherche. Au cours des dix années suivantes, 6 expéditions terrestres et 34 expéditions maritimes sont organisées. Elles n'aboutissent qu'à de maigres indices : une tribu d'Inuit a rencontré un groupe d'hommes blancs plusieurs années auparavant ; un Inuk possède une assiette en argent aux initiales du navigateur…

Les côtes arctiques du Canada sont explorées de fond en comble. On cherche Franklin jusqu'à sur la plus petite île. Bientôt, un nouveau passage vers l'Ouest est découvert par Robert McClure ; un second par l'Écossais John Rae. C'est seulement en 1903-1906, avec l'expédition du norvégien Roald Amundsen, qu'un navire parvient enfin à rejoindre l'océan Pacifique par la voie du Nord-Ouest.

William Parry

Parry (1790-1855) entreprend cinq expéditions en Arctique, dont une vers le pôle Nord. Comme Franklin, il s'engage jeune dans la marine de guerre anglaise. En 1818, en compagnie de Sir John Ross, il découvre la première partie du passage du Nord-Ouest. Plus tard, ses expéditions aident à la localisation du **pôle Nord magnétique**.

Lady Jane Franklin

Jane, la seconde femme de Franklin, estime que les recherches entreprises pour retrouver son mari sont insuffisantes. À force d'obstination, elle parvient à sensibiliser l'opinion et obtient du gouvernement anglais qu'il offre une récompense pour toute information utile. En 1854, les premiers indices sont recueillis auprès d'une tribu d'Inuit par le navigateur John Rae. Plus tard, Lady Franklin finance elle-même une expédition commandée par Francis McClintock. Celle-ci confirmera la mort de l'explorateur.

Peary contre Cook : la course au pôle Nord

Après la mort de Franklin, les explorateurs de l'Arctique se fixent un nouveau défi : être le premier à atteindre le pôle Nord. Deux Américains, Robert Peary et Frederick Cook, revendiquent chacun cet exploit. Aujourd'hui encore, le doute subsiste.

Vivre comme les Inuit

Peary participe à huit expéditions dans l'Arctique. Après une formation de **géomètre**, il s'engage dans la marine américaine. En 1891, à 34 ans, il fait sa première expédition vers le Groenland. Peary explore ses côtes nord et établit que cette terre est une île. Il confirme également que la route du pôle Nord passe par la banquise de l'océan Arctique.

Peary établit des contacts étroits avec les Inuit. Grâce à leur aide, il apprend à manier un traîneau à chiens. Comme les Inuit, il se nourrit de phoque, d'ours polaire et de caribou.

En route pour le pôle Nord

En juillet 1908, Peary quitte New York à bord du *Roosevelt* pour rejoindre sa base d'hivernage sur la Terre Ellesmere. Pour atteindre le pôle Nord, il doit encore franchir 780 km sur la banquise. Le bateau est immobilisé par les glaces pendant l'hiver. Le 22 février 1909, Peary quitte le navire avec 6 Américains et 17 Inuit, une vingtaine de traîneaux et 130 chiens.

Peary devait souvent aider à tirer les traîneaux pour franchir les congères.

Peary prétend être le premier à avoir atteint le pôle Nord. On le voit ici pendant son expédition, équipé de vêtements très chauds.

Quelques autres tentatives

En 1827, William Parry atteint la latitude de 82° 45' N, mais il n'est encore qu'à 800 km du pôle. En 1876, une expédition britannique menée par George Nares établit un nouveau record avec 83° 20' N. En 1882, ce record est battu par l'Américain Adolphus Greely, qui atteint 83° 24' N.

L'une des tentatives les plus originales est celle d'un Norvégien nommé Fridtjof Nansen. Il prend la mer en 1893 sur le *Fram*, un bateau spécialement conçu pour résister à la pression des glaces. Nansen laisse volontairement la glace emprisonner son bateau, au nord de la Sibérie. Le *Fram* dérive pendant trois ans avant d'être finalement libéré au nord du Spitzberg. Entre-temps, en 1895, Nansen est parti vers le pôle en traîneau et a atteint 86° 15' N.

Tous les deux ou trois jours, Peary renvoie un groupe d'hommes vers le bateau. À 250 km du but, il ne garde que Matthew Hanson, quatre Inuit et les meilleurs chiens. Peary atteint le pôle Nord le 6 avril 1909. Il y campe pour la nuit. Le retour vers le *Roosevelt* va durer seize jours.

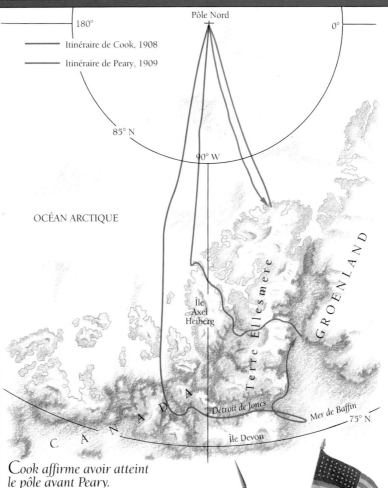

*C*ook affirme avoir atteint le pôle avant Peary.

Cook a-t-il battu Peary ?

Peu avant l'annonce à New York de l'exploit de Peary, l'explorateur Frederick Cook proclame qu'il a atteint le pôle Nord l'année précédente. En 1908, Cook a dirigé une expédition de chasse au Groenland. Il a envoyé alors un message à sa famille pour annoncer son intention de gagner le point mythique.

Le 18 février, avec 15 Inuit, 11 traîneaux et une centaine de chiens, il quitte sa base au Groenland. Il traverse la Terre Ellesmere et atteint la pointe de l'île Axel Heiberg par la banquise. De là, il s'élance vers le nord et atteint le pôle le 21 avril 1908.

Au retour, Cook est dévié de sa route par les courants entraînant la banquise. Il touche terre trop loin des vivres qu'il a entreposés sur l'île Axel Heiberg. Il décide malgré tout de poursuivre sur la banquise jusqu'au détroit de Jones, où il passe l'hiver. Les chiens sont tous morts. Au printemps 1909, Cook et ses compagnons se remettent en route vers le Groenland. Ils arrivent à destination affamés et à bout de force.

L'ont-ils vraiment atteint ?

On s'est souvent demandé comment Peary avait pu se déplacer aussi vite sur la banquise. Ni lui ni Cook n'ont pu produire des calculs de navigation précis attestant leur exploit. Les carnets de voyage de Cook n'ont jamais été retrouvés. Les deux récits résistent mal à une enquête approfondie. En fait, le premier homme à avoir atteint le pôle Nord en traîneau est peut-être l'Anglais Wally Herbert en 1969. Mais la plupart des historiens s'accordent à reconnaître Peary comme le premier homme à être arrivé jusqu'au pôle Nord.

4. La découverte de l'Antarctique

Définir les contours du continent

Les deux régions polaires ont connu une histoire différente : celle de l'Arctique débute il y a 20 000 ans et celle de l'Antarctique en 1820.

L'Antarctique est entouré par l'océan Austral, vaste et profond. Les premiers hommes et les premiers animaux ne pouvaient pas le traverser. C'est pourquoi l'Antarctique est resté si longtemps ignoré par le reste du monde.

Lorsque les Européens pensent « découvrir » l'Afrique ou l'Amérique, en réalité ces continents sont déjà habités. Alors qu'en Antarctique, il n'y a personne : les explorateurs sont réellement les premiers humains à y poser le pied.

La terre inconnue

À partir de leur connaissance de l'hémisphère Nord, les anciens Grecs imaginent un grand territoire au sud de la Terre. Les premiers, ils émettent l'idée d'un continent austral. Ils le baptisent Antarctique, ce qui signifie « à l'opposé de l'Arctique ».

Au **Moyen Âge**, quelques savants arabes reprennent les théories des anciens Grecs. Mais bien peu d'Européens comprennent alors la langue arabe. Au XVe siècle, les écrits grecs sont traduits en latin, la langue des hommes de science et des religieux d'Europe. On ignore tout de ce continent mentionné par les Grecs.

Comme le montre cette carte, les anciens Grecs pensaient que la Terra Australis s'étendait de l'équateur jusqu'au pôle Sud.

Le navigateur portugais Fernand de Magellan établit qu'un océan sépare l'Amérique du Sud de la Terra Australis.

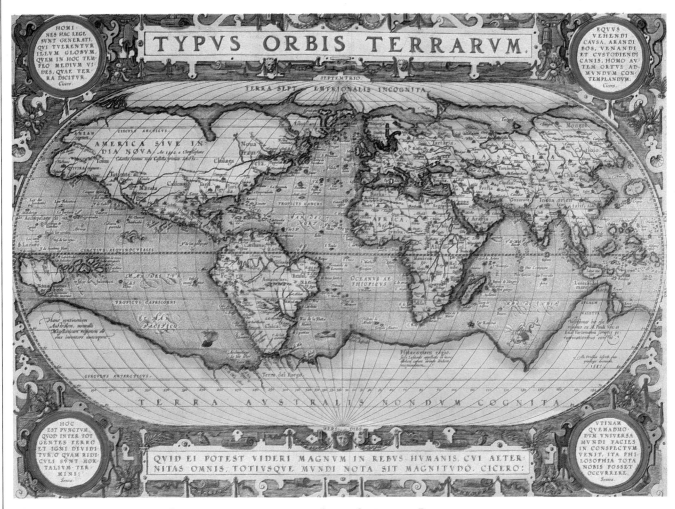

TYPVS ORBIS TERRARVM.

L'Antarctique tel qu'il était représenté en 1570.

Il est baptisé *Terra Australis Incognita*, ce qui signifie en latin la « Terre inconnue du Sud ».

Voyages dans l'océan Austral

Au XVe siècle, les savants imaginent que cette terre inconnue s'étend de l'équateur jusqu'au pôle Sud et les cartes de l'époque montrent l'Antarctique rattaché à l'Asie, à l'Afrique et à l'Amérique du Sud.
Mais les découvertes s'accélèrent : en 1497, Vasco de Gama double la pointe de l'Afrique. En 1519, Magellan contourne l'Amérique du Sud. Il aperçoit plus au sud une terre qu'il croit être le continent austral : c'est la Terre de Feu. Sur les cartes dessinées après ce voyage, l'Antarctique est séparé du continent sud-américain par un simple détroit.

En 1577, Francis Drake quitte l'Angleterre à la recherche de l'Antarctique. Il choisit une route plus méridionale que celle de Magellan et franchit le cap Horn. Il découvre ainsi que l'Amérique du Sud est séparée de l'Antarctique par une large mer. Il faut refaire les cartes !

Une pirogue polynésienne d'aujourd'hui.

La légende polynésienne

Aucun des premiers explorateurs n'a aperçu l'Antarctique. Le seul indice d'une étendue de glace proche du pôle Sud est donné par une légende des îles du Pacifique. Celle-ci raconte qu'en 650, un grand chef polynésien (nommé Ui te Rangiora) dirigea sa pirogue vers le Sud et atteignit une mer gelée.

Proches du but

En janvier 1773, les navires de Cook sont les premiers à franchir le cercle polaire antarctique. Durant leur voyage, ils affrontent de terribles tempêtes et traversent des mers couvertes de glaces.

Le capitaine Cook navigua autour de l'Antarctique sans jamais apercevoir le continent. Il découvrit de nombreuses autres terres. Il fut tué en 1779 à Hawaï, lors d'une escale sur le chemin de l'Angleterre.

Cent cinquante ans après le périple de Drake, deux explorateurs français, Jean-Baptiste Bouvet et Yves-Joseph de Kerguelen, croient, chacun de son côté, avoir découvert l'Antarctique. Mais en Europe, l'heure est alors au commerce et l'on s'intéresse peu à leurs récits. Les cartes du XVIIIe siècle continuent de représenter l'Antarctique couvrant la plus grande partie du Pacifique.

Marin et homme de science

James Cook naît en Angleterre en 1728. Il commence à naviguer à 18 ans sur des bateaux transportant du charbon. C'est un bon scientifique et un excellent marin. Bientôt, Cook rejoint la marine de guerre anglaise pour plusieurs expéditions. Au cours de l'une d'elles, il explore les côtes de la Nouvelle-Zélande et de l'Australie.

Le 13 juillet 1772, Cook quitte l'Angleterre et s'élance vers l'Antarctique à la tête de deux navires, le *Resolution* et l'*Adventure*. Il emporte avec lui 27 tonnes de biscuits et une grande quantité de viande de porc séchée. La mission de Cook est d'aller le plus près possible du pôle Sud. Il doit faire de chaque territoire découvert une possession britannique. Au cours des trois années d'expédition, Cook parcourt 97 000 km et décrit un cercle complet autour de l'Antarctique.

Au-delà du cercle polaire

Cook navigue aussi loin que possible vers le Sud, à travers le **pack** qui entoure l'Antarctique. Les navires, dont les cordages et les voiles se couvrent de glace, sont presque impossibles à manœuvrer. L'océan est couvert d'icebergs et de plaques de glace ; la moindre collision peut être fatale. Le 17 janvier 1773, ses deux navires sont les premiers à franchir le cercle polaire antarctique.

Cook passe l'hiver en Nouvelle-Zélande et reprend la mer au printemps. Il poursuit son exploration le long de la banquise sans jamais apercevoir la côte qu'il recherche. Cependant, il prouve ainsi que l'Antarctique, s'il existe, est beaucoup moins vaste qu'on le pense. Il a également démontré que les terres aperçues par Bouvet et Kerguelen ne sont que des îles.

Une deuxième tentative

Il faut attendre un demi-siècle pour
qu'une autre exploration soit
entreprise. Durant ces années,
la Géorgie du Sud et les autres îles
australes sont fréquemment abordées
par les **phoquiers**, chasseurs d'otaries
à fourrure. Ils ont sans doute aperçu
maintes fois l'Antarctique, mais il existe
peu de traces de leurs voyages. Un
autre marin avisé suit les traces du
capitaine Cook : l'officier de marine
russe Fabian von Bellingshausen.
En 1819, il quitte la Russie à la tête de
deux vaisseaux, le *Mirny* et le *Vostok*.

Bellingshausen a étudié
le voyage de Cook. Là où Cook fut
dérouté vers le nord par les glaces
et les tempêtes, il se dirige au sud.
Pendant des jours et des jours, les deux
navires ne rencontrent que des glaces.
Le 20 janvier 1820, le *Mirny* entre en
collision avec la banquise, mais il
continue sa route. Plusieurs mois plus
tard, en Australie, l'équipage constate
que la glace a percé un trou de près
d'un mètre dans la coque : seule la
couche de **toile goudronnée**
a empêché l'eau d'envahir le navire.
Bellingshausen découvre de
nombreuses îles. Le 27 janvier 1820, il
s'approche à 32 km de l'Antarctique. À
cet endroit, la côte est une longue falaise
de glace. Bellingshausen croit observer
une longue ligne d'icebergs et ne réalise
pas qu'il s'agit du continent. Cook et
Bellingshausen n'ont pas eu de chance.
Tous deux ont effectué un périple
extraordinaire autour de l'Antarctique.
Ils ont survécu aux terribles tempêtes
et aux rencontres avec des icebergs.
Mais ni l'un ni l'autre n'ont pu dire :
« J'ai découvert l'Antarctique. »

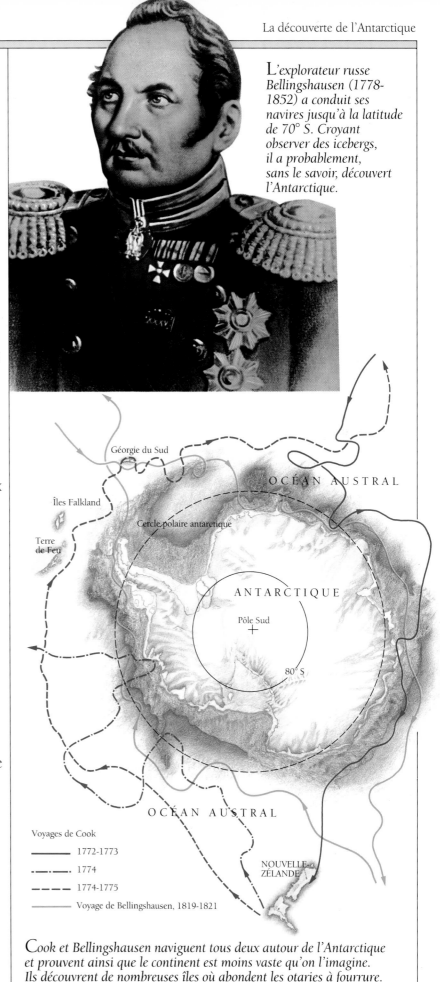

*L'explorateur russe
Bellingshausen (1778-
1852) a conduit ses
navires jusqu'à la latitude
de 70° S. Croyant
observer des icebergs,
il a probablement,
sans le savoir, découvert
l'Antarctique.*

Géorgie du Sud

OCÉAN AUSTRAL

Îles Falkland

Cercle polaire antarctique

Terre
de Feu

ANTARCTIQUE

Pôle Sud
+

80° S

OCÉAN AUSTRAL

Voyages de Cook

——— 1772-1773

—·—·— 1774

– – – – 1774-1775

——— Voyage de Bellingshausen, 1819-1821

NOUVELLE-
ZÉLANDE

*Cook et Bellingshausen naviguent tous deux autour de l'Antarctique
et prouvent ainsi que le continent est moins vaste qu'on ne l'imagine.
Ils découvrent de nombreuses îles où abondent les otaries à fourrure.*

Premier hiver en Antarctique

Entre 1778 et 1815, la plus grande partie de l'Europe est en guerre. Seuls les baleiniers et les phoquiers s'aventurent dans l'océan Austral, attirés par les richesses décrites par Cook.

L'Écossais James Clark Ross explora l'Arctique et l'Antarctique.

Carsten Borchgrevink (1864-1934) parvient le premier à passer un hiver en Antarctique. Il établit sa base au cap Adare.

Chasse aux phoques

Les chasseurs de phoques viennent d'abord de Grande-Bretagne et des États-Unis, puis de France et d'Australie. Quelques-uns de ces phoquiers donnent leur nom aux terres qu'ils découvrent. James Weddell atteint la latitude de 74° 15' S (record de l'époque) dans la mer qui portera son nom. John Biscoe découvre la Terre d'Enderby et les îles Biscoe. Il est le premier à identifier l'Antarctique ; il décrit des montagnes noires dépassant des glaciers.

La compagnie de phoquiers des frères Enderby montre un intérêt particulier pour l'exploration. Pendant quarante ans, leurs bateaux parcourent l'océan Austral dans toutes les directions.

Le géomagnétisme

En Europe, les scientifiques s'intéressent au **magnétisme** terrestre. Ils vont relancer les explorations vers l'Antarctique, à la recherche du pôle Sud magnétique.

L'Écossais James Clark Ross a effectué son premier voyage dans l'Arctique à l'âge de 12 ans. En 1831, il localise le pôle Nord magnétique. En 1839, l'Amirauté britannique le charge de renouveler cet exploit au pôle Sud. Les deux bateaux de son expédition, l'*Erebus* et le *Terror*, résistent bien aux glaces de l'Antarctique. Pourtant, ils feront naufrage lors de l'expédition fatale de Franklin en Arctique (*voir pages 24-25*).

Les navires de Ross parviennent les premiers à se frayer un chemin dans les glaces entre la Nouvelle-Zélande et l'Antarctique. Ross découvre la mer qui va porter son nom, puis il arrive devant une barrière de glace haute de près de 45 mètres. Cette barrière, aujourd'hui appelée barrière de Ross, sera une voie d'accès vers le pôle Sud.

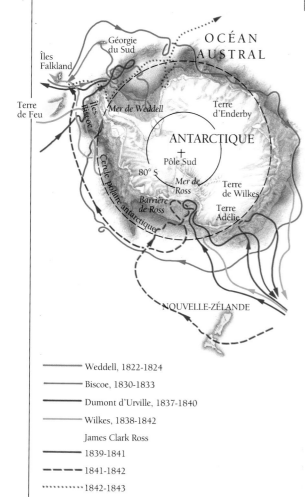

Un paysage de l'île de Ross. Scott et Shackleton sont partis de cette terre pour tenter d'atteindre le pôle Sud.

Wilkes et Dumont d'Urville

Puisque Ross n'a pas réussi à localiser le pôle Sud magnétique, deux nouvelles expéditions sont organisées à cette fin. L'une, menée par l'Américain Charles Wilkes, compte cinq vaisseaux. L'autre, de deux navires, est dirigée par le Français Jules Dumont d'Urville. Les deux hommes échouent, mais leurs périples permettent de compléter les cartes de l'Antarctique. Ils font de nombreuses découvertes, dont la Terre de Wilkes, la Terre Adélie et le manchot Adélie – baptisés ainsi en l'honneur de la femme de Dumont d'Urville.

Premier hiver en Antarctique

Le premier hivernage en Arctique a lieu en 1819. Il faudra attendre 80 ans pour que l'expérience soit renouvelée en Antarctique. L'expédition est dirigée par un Norvégien, Carsten Borchgrevink.

Lors d'un premier voyage, Borchgrevink choisit le site qui lui servira de base : le cap Adare, près de la Terre Victoria. En février 1899, les hommes débarquent et installent leurs huttes spécialement conçues pour cette aventure. Au cours de l'hiver une chandelle provoque un début d'incendie, puis la tempête menace d'emporter les huttes.

Pour la première fois en Antarctique, les dix aventuriers utilisent des traîneaux à chiens pour de courtes explorations. Au printemps, ils regagnent leur navire et partent explorer la barrière de Ross. Borchgrevink a démontré qu'il était possible de vivre plusieurs mois sur le continent austral et de s'y déplacer. Il a ouvert la voie à une nouvelle vague d'explorations : la conquête du pôle Sud.

La chasse à la baleine

À son retour en Angleterre, Ross parle des innombrables baleines peuplant les mers qu'il a explorées. Au début du XXe siècle, la chasse à la baleine est devenue une industrie florissante. Des milliers de ces mammifères sont tués chaque année dans les eaux de l'Antarctique. Cette chasse intensive va menacer la survie de l'espèce.

La conquête du pôle Sud

La Grande-Bretagne est déterminée à être la première au pôle Sud. En 1902, elle charge de cette mission un jeune lieutenant de marine, Robert Falcon Scott.

Scott projette d'atteindre le pôle en traîneau. Il lui faut pour cela traverser la barrière de Ross, puis franchir une chaîne de montagnes qui donne accès au plateau polaire. Au-delà, c'est l'inconnu. Accompagné d'Ernest Shackleton et d'Edward Wilson, Scott progresse jusqu'à la latitude de 82° 16' S. Les vivres commencent à manquer et Shackleton est très affaibli par le scorbut. Les trois hommes sont contraints de faire demi-tour.

Le plateau polaire

Shackleton repart en 1908. Utilisant des poneys, il dépasse les 82° S au bout de 29 jours. Une semaine plus tard, il est au sommet des montagnes et contemple l'immense glacier qui s'étend du plateau polaire jusqu'à la barrière de Ross : c'est la route du pôle ! Shackleton s'engage sur le plateau. Le 7 janvier 1909, à 180 km du but, il doit pourtant renoncer. Les hommes, qui se nourrissent de demi-rations depuis plusieurs jours, sont trop faibles pour continuer.

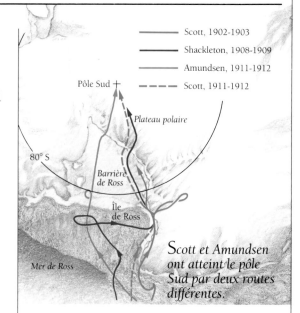

Scott, 1902-1903
Shackleton, 1908-1909
Amundsen, 1911-1912
Scott, 1911-1912

Pôle Sud
Plateau polaire
80° S
Barrière de Ross
Île de Ross
Mer de Ross

Scott et Amundsen ont atteint le pôle Sud par deux routes différentes.

Les explorateurs construisent de solides cabanes où, pendant l'hiver, ils préparent leurs équipements.

Scott utilisa pour son expédition des poneys mandchous. Pendant l'hiver, on leur fait faire de l'exercice.

Scott essaie de nouveau

En 1910, Scott entreprend une nouvelle tentative. Il passe l'hiver sur l'île de Ross et y prépare minutieusement son voyage. Le 1er novembre 1911, il se met en route. Il emmène avec lui des poneys, des traîneaux et quelques chiens. L'expédition suit la route empruntée par Shackleton en 1908 et atteint le plateau polaire. Scott et quatre de ses compagnons décident alors de poursuivre seuls l'aventure.

Sur le plateau polaire, les vêtements chauds sont indispensables. Ces quelques objets font partie de l'équipement utilisé par Scott.

Un froid terrible

Sur le plateau, les conditions sont épouvantables ; il fait −20 °C et les vents soufflent en tempête. Les explorateurs, qui tirent eux-mêmes les traîneaux, sont au bord de l'épuisement.

Alors qu'ils approchent du but, les cinq hommes aperçoivent au loin un drapeau rouge. Ils ont été battus par les Norvégiens !

Le dernier blizzard

Scott et ses compagnons atteignent eux aussi le pôle, puis font demi-tour. Mais le temps se gâte. En mars 1912, ils sont bloqués par un terrible blizzard à seulement 18 km d'un dépôt de vivres et périssent dans la tourmente.

La victoire norvégienne

Roald Amundsen, le chef de l'expédition norvégienne, a une grande expérience de la vie polaire. En 1898, il a passé l'hiver en Antarctique à bord d'un phoquier. Il part souvent seul s'aguerrir dans les montagnes de Norvège. Amundsen est convaincu que le traîneau à chiens est le mode de déplacement le plus efficace en Antarctique.

En 1910, il prépare une expédition vers le pôle Nord quand il apprend que Peary et Cook l'ont déjà atteint. Il décide alors de s'attaquer au pôle Sud. Juste après son départ, il envoie un message à Scott pour lui faire part de son projet.

Une nouvelle route

Amundsen hiverne sur la barrière de glace, à l'ouest de l'île de Ross. En choisissant ce point de départ, il a déjà gagné 97 km par rapport à Scott. Mais il lui reste à tracer une nouvelle route.

Les chiens résistent mieux au froid que les poneys. À l'arrivée du printemps, Amundsen peut se mettre en route onze jours plus tôt que son rival anglais. Le Norvégien rencontre peu de difficultés et progresse rapidement. L'expédition atteint le pôle Sud le 14 décembre 1911, soit un mois avant Scott. La persévérance et l'intelligence d'Amundsen ont été récompensés.

Lors de son périple, Amundsen (1872-1928) utilise des techniques de déplacement testées dans l'Arctique. Il y mourra au cours d'une autre expédition.

Le continent oublié

En 1920, les pôles Sud géographique et magnétique ont été atteints, mais de vastes régions de l'Antarctique restent inexplorées. Plusieurs petites expéditions sont organisées ; beaucoup ont recours, pour la première fois, à l'exploration aérienne.

L'avion ouvre de nouvelles possibilités d'exploration. En 1928, Richard Byrd conduit une équipe américaine sur la barrière de Ross. L'année suivante, il est le premier à survoler le pôle Sud, comme il l'avait fait pour le pôle Nord en 1926, en compagnie de Floyd Bennet. En 1933, Byrd revient à la tête d'une expédition encore plus importante. Il établit une carte de la barrière de Ross et agrandit son ancienne base, Little America, qui abrite désormais 40 personnes.

Péninsule Antarctique

Barrière de Ronne

Pôle Sud

80° S

Barrière de Ross

Cercle polaire antarctique

LITTLE AMERICA

Carte des premières expéditions en avion en Antarctique.

— Byrd, 1928-1929

— Ellsworth, 1935

— Rymill, 1935-1937

Le courage de Shackleton

En 1914-1916, Shackleton mène une troisième exploration. Cette fois, il veut traverser l'Antarctique. Son bateau, l'*Endurance*, est broyé par les glaces dans la mer de Weddell. Les hommes parviennent à atteindre l'île Éléphant. De là, Shackleton et cinq compagnons naviguent sur des radeaux pendant 1 300 km jusqu'en Géorgie du Sud, où ils trouvent du secours. Grâce au courage de Shackleton, tout l'équipage est sauvé.

La traversée de l'Antarctique

Une autre expédition historique se prépare. En novembre 1935, le pilote Lincoln Ellsworth et son mécanicien décollent pour survoler l'Antarctique. Ils ont prévu 14 heures de voyage, mais le blizzard les force plusieurs fois à se poser en attendant de meilleures conditions. Vingt-deux jours plus tard, ils tombent en panne d'essence à 26 km de Little America, qu'ils doivent rejoindre à pied. Ils attendront un mois le navire chargé de les récupérer.

Des avions et des chiens

Après plusieurs expéditions en Arctique, l'Anglais John Rymill explore le continent austral en avion et en traîneau à chiens. On pense à cette époque que la péninsule antarctique est une île. Rymill établit que cette terre est en réalité rattachée au continent.

En 1946, les États-Unis organisent la plus grande expédition jamais menée en Antarctique. Commandée par Richard Byrd, l'opération Highjump compte 13 bateaux, 25 avions et 4 000 hommes. L'expédition s'installe pour l'été à Little America. Les nombreuses photographies aériennes permettront d'établir des cartes de plus de la moitié du continent antarctique. Beaucoup des régions survolées étaient jusqu'alors inconnues.

En 1929, l'explorateur américain Richard Byrd est le premier à survoler le pôle Sud.

Pendant l'hiver, il faut s'occuper (ci-dessous). L'expédition de Rymill a parcouru plus de 2 000 km en traîneaux à chiens.

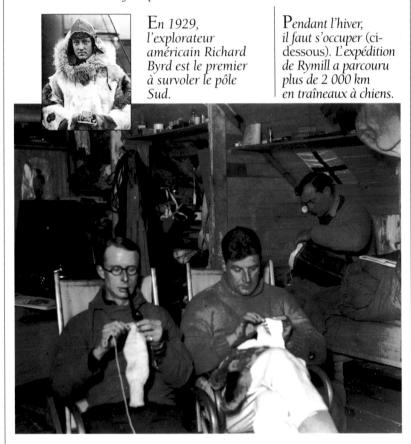

Les expéditions internationales

L'opération Highjump est suivie par une opération plus réduite : Windmill. C'est le début d'une ère nouvelle. L'exploration de l'Antarctique est si coûteuse que seuls les gouvernements peuvent encore financer les opérations. Parfois, plusieurs pays coopèrent : les expéditions deviennent internationales.

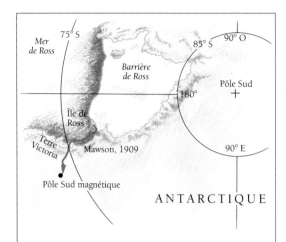

Mawson a atteint le pôle Sud magnétique.

Mawson et le pôle Sud magnétique

Lorsque Shackleton se met en route vers le pôle Sud géographique, il charge un groupe d'hommes (parmi lesquels l'Australien Douglas Mawson) de localiser le pôle magnétique. L'expédition quitte le camp de base en septembre 1908. L'objectif est atteint le 16 janvier 1909, après 1 600 km. En 1911, Mawson atteint à nouveau le pôle magnétique et découvre de nombreuses terres inconnues.

En 1929, il commande une expédition en Antarctique organisée conjointement par l'Angleterre, l'Australie et la Nouvelle-Zélande. L'opération préfigure les explorations scientifiques de l'ère moderne.

La coopération internationale

En 1949, une modeste expédition scientifique organisée conjointement par la Norvège, la Grande-Bretagne et la Suède fait de nombreuses découvertes dans la région de la Terre de la Reine-Maud.

Depuis James Cook, les expéditions sont le plus souvent désignées par le nom de l'explorateur qui les dirige. Celle de 1949 reste dans les mémoires comme la première expédition internationale en Antarctique.

Les revendications territoriales

Lors des premières explorations, les territoires sont revendiqués par les pays qui les découvrent. Ross s'approprie la Terre Victoria au nom de l'Angleterre. Les États-Unis revendiquent les terres découvertes lors de l'opération Highjump. Ils en marquent les limites par des largages aériens ! À la fin des années 1930, de nombreux pays, dont l'Argentine, le Chili, la Grande-Bretagne, la Norvège et la France, revendiquent des territoires en Antarctique.

L'exploration scientifique

Les scientifiques font évoluer cette situation. Au milieu des années 1950, des chercheurs européens et américains organisent l'Année géophysique internationale (AGI) dont les objectifs sont la mesure de l'activité du Soleil et l'exploration.

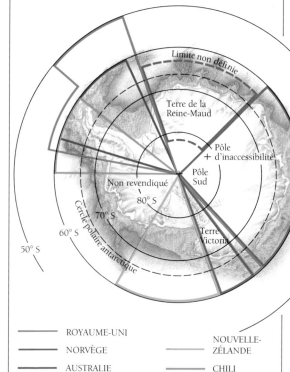

ROYAUME-UNI
NORVÈGE
AUSTRALIE
FRANCE
NOUVELLE-ZÉLANDE
CHILI
ARGENTINE

Aujourd'hui, sept nations revendiquent des territoires en Antarctique. Elles se sont engagées à renoncer à ces prétentions territoriales tant que le traité de l'Antarctique sera en vigueur.

La traversée de l'Antarctique

En 1957-1958, l'Anglais Vivian Fuchs utilise des chiens et des autoneiges pour effectuer la première traversée de l'Antarctique par le pôle en 99 jours. Plusieurs autres expéditions l'ont imité depuis.

D'autres ont suivi les routes empruntées par Scott et Amundsen. Aujourd'hui encore, malgré l'emploi de matériel moderne, traverser l'Antarctique reste dangereux.

En 1992, les Anglais Ranulph Fiennes et Michael Stroud réussissent un nouvel exploit : ils traversent le continent, sans l'aide de chiens, de poneys ou de véhicules à moteur.

Fuchs au pôle, lors de la première traversée de l'Antarctique.

Déchargement du ravitaillement destiné à une station scientifique. Près d'une tonne de vivres par année et par personne est nécessaire.

Les stations scientifiques fonctionnent toute l'année. L'intérêt de leurs études a montré combien ce continent est important pour l'équilibre de la Terre.

L'AGI se déroule de juillet 1957 à décembre 1958. À cette occasion, douze pays établissent des stations sur le continent antarctique ou sur les îles avoisinantes. Les États-Unis ont choisi le pôle Sud. Il faut 84 allers-retours en avion pour transporter les équipements nécessaires. Quarante-quatre ans après Scott et Amundsen, leurs successeurs arrivent au pôle Sud par la voie des airs.

L'URSS opte pour la construction d'une station au pôle d'inaccessibilité. Ce point, situé à 1 400 km de la côte la plus proche, est le plus reculé du continent. Le matériel est transporté par des autoneiges dont les convois atteignent parfois plus d'un kilomètre de long. Les Soviétiques baptisent leur station Vostok. C'est à cet endroit que sera enregistrée la température terrestre la plus basse : –89,2 °C.

Le traité de l'Antarctique

L'AGI a été un grand succès. La coopération internationale s'est révélée très fructueuse. En 1961, un nouvel accord est conclu, le **traité** de l'Antarctique. Les scientifiques sont maintenant libres de circuler sur le continent sans se soucier de revendications territoriales. Cette situation favorable dure depuis plus de trente ans.

Selon les besoins scientifiques, quelques stations nouvelles ont été construites, d'autres abandonnées. En 1993, on dénombrait 48 stations en Antarctique, exploitées par vingt pays différents. Vingt autres bases sont occupées par des nations qui ne travaillent en Antarctique que l'été.

5. La géopolitique polaire

En Arctique

Plusieurs grands pays industrialisés, dont la Russie, le Canada et les États-Unis, sont ouverts sur l'océan Arctique. Au début du siècle, la plus grande partie de l'Arctique n'est pas encore revendiquée. Cette zone semble alors sans intérêt. Durant les XVIIIe et XIXe siècles, le commerce des fourrures fait de l'Alaska une région précieuse pour les Russes. Quand ces richesses sont épuisées, la Russie vend le territoire aux États-Unis.

En 1950, la situation change. L'Arctique est divisé comme un gâteau. Chaque pays s'attribue une part qui s'étend de ses propres côtes jusqu'au pôle Nord. Les portions de l'Amérique du Nord et de l'URSS se font face.

Une île gouvernée de loin

La plus grande île de l'Arctique est sous la tutelle d'un petit pays européen. L'emprise du Danemark sur le Groenland remonte au temps des Vikings. Depuis 1950, le Groenland se tourne petit à petit vers l'indépendance. En 1979, l'île accédait à une autonomie interne. La pêche est sa principale ressource. Mais le Groenland ne peut encore se passer de l'aide économique du lointain pays scandinave.

Cinq pays donnent sur l'océan Arctique. Certains sont en désaccord sur leurs frontières maritimes communes. De vastes régions du plateau continental, riches en poisson, en pétrole et en gaz naturel, sont en effet des enjeux importants.

CANADA

Alaska

Limite de souveraineté
États-Unis – Russie, 1867

OCÉAN ARCTIQUE

Limite de souveraineté
Canada – États-Unis

141° O

168° 49' O

RUSSIE

60° O

Pôle Nord

32° 04' E

80° N

Limite de souveraineté
Canada – Groenland, 1973

Zone de désaccord
Norvège – Russie

70° N

GROENLAND

Spitzberg

Cercle polaire arctique

60° N

Limites du traité
de Spitzberg, 1920

NORVÈGE

Un territoire international

Le Spitzberg possède un statut très particulier. Pendant des siècles, les baleiniers de tous les pays y accostent. En 1900, le territoire n'a toujours pas de propriétaire. Anglais et Américains commencent à y exploiter des mines. En 1920, un traité attribue ce groupe d'îles à la Norvège, mais autorise toute nation signataire du traité à exploiter le territoire. Depuis lors, le Spitzberg, comme l'Antarctique,. est presque une terre internationale.

Les droits des peuples de l'Arctique

Les habitants de l'Arctique ont souffert de l'arrivée des Eurasiens et des Américains du Nord venus explorer leurs territoires et chasser leur gibier. Pendant des centaines d'années, ceux-ci ont tués les baleines et les phoques et traqué les animaux à fourrure. Puis, au début de ce siècle, l'exploitation minière et pétrolière a commencé.

Les Inuit d'Alaska, du Canada et du Groenland se sont regroupés pour défendre leurs intérêts auprès des gouvernements dont dépendent leurs territoires. En 1971, les Inuit d'Alaska signent un accord avec les États-Unis. On attribue aux Inuit un milliard de dollars et environ un dixième du territoire de l'État. En échange,

Afin d'extraire le charbon, le pétrole et le gaz, des mines telles que celle-ci ont été construites. Elles défigurent souvent la toundra.

Les Inuit obtiennent seulement aujourd'hui des compensations pour l'exploitation de leurs territoires.

les États-Unis sont autorisés à continuer la prospection minière en Alaska. D'autres groupes d'Inuit tentent aujourd'hui de conclure des accords similaires.

Les peuples arctiques de l'ex-URSS ont subi un sort moins enviable encore. Leur situation s'est un peu améliorée, mais le gouvernement de la Russie actuelle manque de moyens pour les aider. Les ethnies de Sibérie ne seront sans doute jamais dédommagées des minerais et du pétrole prélevés dans leurs sols.

La science en Arctique

Les missions scientifiques, telles que la recherche du pôle Nord magnétique, ont été à l'origine des premières explorations. L'IASC (Comité international scientifique de l'Arctique) naît en 1990. Sa création est inspirée du comité scientifique formé trente ans plus tôt en Antarctique. Il faut espérer que les scientifiques auront bientôt une influence aussi bénéfique en Arctique.

En Antarctique

La situation de l'Antarctique est très différente. Contrairement à l'océan Arctique, l'océan austral n'est pas entouré de puissants pays industriels.

Revendiquer une terre nouvelle

Plusieurs pays déclarent posséder des territoires en Antarctique. Certaines terres, telle que la péninsule antarctique, sont même revendiquées par plusieurs États. En Antarctique, il existe deux façons de s'approprier un territoire. La première est de le découvrir : la plupart des explorateurs ont pris possession des terres découvertes au nom de leur patrie. La seconde consiste à l'apercevoir du ciel et à marquer les territoires survolés en larguant des drapeaux ou des balises. En 1960, les États-Unis justifient leurs prétentions en déclarant qu'ils ont survolé plus de terres qu'aucun autre pays.

Le partage du gâteau

La première revendication officielle d'un territoire en Antarctique est faite en 1908 par le gouvernement britannique. Sept nations affichent aujourd'hui des prétentions territoriales. En 1950, la plus grande partie du continent est encore inconnue. Pourtant, plusieurs pays se disputent les mêmes territoires, et les tensions s'accroissent. L'URSS songe à prendre une part du gâteau. Les États-Unis veulent le gâteau entier.

Le triomphe des scientifiques

Heureusement les scientifiques prennent le dessus et organisent l'Année géophysique internationale (*voir page 38*). Désireux de prolonger cette coopération, les scientifiques forment le SCAR (Comité international scientifique de l'Arctique) en 1958. Depuis, les nations travaillant en Antarctique coopèrent au sein de cette organisation. Cette entente cordiale des scientifiques ouvre la voie au traité de l'Antarctique. Douze pays travaillent à sa préparation. Signé le 1er décembre 1959, il entre en application en 1961. Ce traité fait partie des grands accords internationaux ; il a apporté la paix sur le continent austral.

Le traité de l'Antarctique a apporté la paix sur le continent austral. Les drapeaux des pays signataires flottent sur le pôle Sud pour rappeler les bienfaits de cette coopération internationale.

L'Antarctique reste isolé et sauvage. Pour préserver la région, beaucoup pensent qu'il faut la transformer en parc naturel mondial.

Le tourisme polaire

L'Arctique et l'Antarctique attirent de plus en plus de touristes. Ceux-ci viennent y observer les paysages et la faune. Mais le tourisme, s'il n'est pas efficacement contrôlé, peut occasionner des dommages. En Antarctique, les accords sur la protection de l'environnement permettent ce contrôle. En Arctique, où chaque pays a ses propres lois, la tâche est plus difficile.

Industrie minière et tourisme

La prospection minière n'est pas abordée par le traité de l'Antarctique. Une proposition est faite au cours des années 1980, mais elle ne sera jamais signée. À partir des années 1970, les touristes viennent de plus en plus nombreux en Antarctique. On commence alors à se soucier de l'expiration du traité prévue en 1991. Mais il a été prolongé.

Quelques groupes indépendants participent bientôt à l'étude du continent austral. Le mouvement écologiste Greenpeace suggère de faire de l'Antarctique un parc naturel mondial voué à la recherche scientifique. Le tourisme y serait toléré et la prospection minière interdite.

La préservation des richesses naturelles

En 1990, 40 pays ont déjà signé le traité de l'Antarctique. Plutôt que de créer le parc souhaité par Greenpeace, les différentes nations décident en 1992 de renforcer le traité existant. Elles signent un accord sur la protection de l'environnement qui réglemente strictement les activités en Antarctique. Cet accord interdit notamment pendant 50 ans l'exploitation minière sur le continent austral.

Des traces dans la neige

Quatre grands fleuves de Russie se jettent dans l'océan Arctique. Ces cours d'eau charrient les déchets polluants des usines situées plus au sud. Pour les nations qui entourent l'océan Arctique – États-Unis, Canada, pays européens et Russie –, la pollution industrielle est un problème capital.

Amundsen, Franklin et les premiers explorateurs n'ont laissé dans la neige que les traces de leurs pas. Les scientifiques découvrent aujourd'hui que les modes de vie modernes détériorent les régions polaires. Ils détruisent la couche d'ozone au-dessus des pôles, phénomène qui a été observé pour la première fois en Antarctique. Ils sont aussi la cause du réchauffement de notre planète qui pourrait causer la fonte des calottes glaciaires.

Les régions polaires sont essentielles pour l'équilibre de la Terre. Elles sont en quelque sorte les poumons de notre planète. En analysant une carotte longue de 2 000 mètres extraite en Antarctique, les scientifiques ont découvert que les premières glaces se sont formées sur le continent il y a 160 000 ans. Dans la partie supérieure, on a retrouvé des produits chimiques provenant d'autres régions du globe : ils ont été transportés en Antarctique par le vent.

Les régions polaires du Nord sont également affectées. En été, une brume de pollution flotte sur l'océan Arctique. Les peuples de l'Arctique ont souvent été victimes des « hommes blancs ». Ils furent d'abord chassés de leurs terres par les explorateurs. Plus récemment, l'industrie minière a profondément modifié le mode de vie des Inuit. La faune et la flore ont subi des dommages irréparables.

Il y a quelques années, on se souciait peu de la pollution dans les régions polaires. Heureusement, ce n'est plus le cas aujourd'hui.

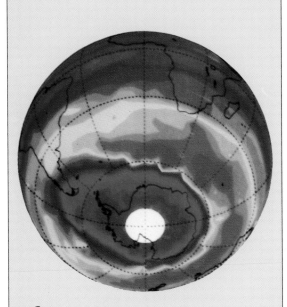

Septembre 1991

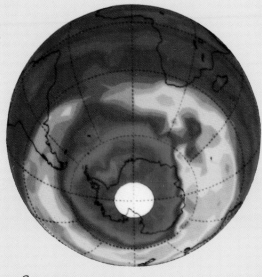

Septembre 1992

Ces deux photos prises par satellite montrent l'évolution de l'état de la couche d'ozone au-dessus de l'Antarctique. Le rouge figure la concentration d'ozone la plus forte et le bleu clair, la plus faible.

Le trou dans la couche d'ozone

L'ozone nous protège contre les effets des ultraviolets. Aujourd'hui, la couche d'ozone est progressivement détruite par certains produits chimiques. C'est pourquoi nous attrapons de plus en plus souvent des coups de soleil. Les plantes et les animaux sont également exposés mais, pour ceux-ci, il n'existe pas de crèmes solaires !

Les remèdes

Les scientifiques ont montré combien les régions polaires sont importantes pour l'équilibre de notre planète. Chacun doit maintenant en prendre conscience. Heureusement, les problèmes liés à la couche d'ozone ont alerté l'opinion. Mais les déchets produits par nos usines sont transportés jusqu'aux pôles par les fleuves et les vents. La pollution des régions polaires nous concerne tous et nous devons être vigilants.

L'industrie pétrolière a modifié les modes de vie des animaux et des hommes de l'Arctique. L'installation de pipelines comme ceux-ci nécessite de grandes précautions.

Le tourisme

Combattre les problèmes liés au tourisme polaire est plus facile. Le traité de l'Antarctique permet une surveillance des visiteurs dans cette région. En Arctique, où les lois varient selon les pays, le contrôle du tourisme est plus délicat.

Les scientifiques ne donnent pas toujours l'exemple. On trouve souvent des déchets autour de leurs bases, et leurs expériences sont parfois néfastes pour les animaux.

Scientifiques et touristes doivent respecter les richesses naturelles de l'Arctique et de l'Antarctique. Ces deux régions sont encore pratiquement intactes. Il ne faut pas y laisser d'autres traces que celles de nos pas dans la neige.

Arctique	Antarctique	Ailleurs dans le monde
V. 2500 av. J. C. Essor de la culture de Dorset en Alaska.	**V. 2000 av. J. C.** L'Antarctique est une terre inconnue et le restera pour longtemps.	**V. 2500 av. J. C.** Le savant grec Phytagore émet l'idée que la Terre est une sphère.
V. 500 L'abbé irlandais saint Brendan vogue vers l'Islande.	**V. 150** Sur les cartes dessinées par les anciens Grecs, l'Antarctique s'étend de l'équateur au pôle Sud.	**V. 230** Construction de la Grande Muraille de Chine.
860 Les Vikings atteignent l'Islande.	**V. 650** Un navigateur Polynésien (nommé Ui te Rangiora) vogue vers le Sud et rencontre une mer de glace.	**622** En Arabie, le prophète Mahomet fonde la religion islamique.
986 Erik le Rouge établit une colonie viking au Groenland.	**1000** Les théories des anciens Grecs concernant l'Antarctique sont reprises par les Arabes.	**1066** Les Normands envahissent l'Angleterre.
V. 1400 Les marchands anglais commercent avec l'Islande.	**1497** Vasco de Gama contourne l'Afrique du Sud et établit que ce continent n'est pas relié à l'Antarctique.	**1492** Christophe Colomb « découvre » l'Amérique.
1553 La Compagnie anglaise de Russie envoie trois navires à la recherche du passage du Nord-Est.	**1519-1522** Fernand de Magellan prouve que l'Amérique du Sud n'est pas reliée à l'Antarctique.	**Années 1530** Début du commerce européen des esclaves entre l'Afrique et l'Amérique.
1607 Henri Hudson quitte l'Angleterre pour son premier voyage en Arctique.	**1577** Francis Drake quitte l'Angleterre et vogue à la recherche de la *Terra Australis*.	**1569** Gerhard Mercator dessine sa première carte du monde.
1725 Vitus Béring entame sa première traversée à pied de la Russie.	**1739** Jean-Baptiste Bouvet pense avoir découvert l'Antarctique.	**1707** Union de l'Écosse et de l'Angleterre.
1740 Deuxième expédition de Béring.	**1772-1775** L'Anglais James Cook navigue tout autour du continent austral.	**1775** Début de la guerre d'Indépendance américaine.
1819 Sir John Franklin commande sa première expédition en Arctique.	**Années 1820** Le Russe Fabian von Bellingshausen observe sans le savoir les côtes de l'Antarctique.	**1789** Début de la Révolution française.
1831 James Clark Ross atteint le pôle Nord magnétique.	**1841** James Clark Ross découvre la barrière de glace qui aujourd'hui porte son nom.	**1861** Début de la guerre de Sécession
1847 John Franklin meurt en Arctique sans avoir trouvé le passage du Nord-Ouest.	**1899** L'expédition menée par Carsten Borchgrevink est la première à hiverner sur le continent antarctique.	**1895** Guglielmo Marconi réalise les premières liaisons radio.
1895 Le Norvégien Fridtjof Nansen atteint en traîneau la latitude de 86° 15′ N durant son expédition sur le *Fram*.	**1902** Au cours de sa première expédition vers le pôle Sud, Robert Scott atteint la latitude de 82° 16′ S.	**1903** Premiers vols en avion des frères Wright.
Avril 1908 Frederick Cook déclare avoir atteint le pôle Nord.	**1909** Au cours d'une autre expédition, Ernest Shackleton atteint 88° S.	**1905** Début de la Révolution russe.
Avril 1909 Robert Peary déclare avoir atteint le pôle Nord.	**Décembre 1911** Le Norvégien Roald Amundsen atteint le pôle Sud.	**1911** Début des révoltes populaires en Chine.
1920 Signature du traité de Paris. Le Spitzberg peut être librement exploité par plus de 40 nations.	**Mars 1912** Robert Scott et ses compagnons meurent en essayant de rejoindre leur base après avoir atteint le pôle Sud.	**1914-1918** Première Guerre mondiale.
Mai 1926 Richard Byrd survole le pôle Nord.	**1929** Richard Byrd survole le pôle Sud.	**1920** En Inde, Mohandas Gandhi entame une politique de résistance passive contre le pouvoir anglais.
1948 Un avion soviétique se pose sur la banquise au pôle Nord.	**Novembre 1935** Lincoln Ellsworth traverse l'Antarctique en avion.	**1939-1945** Seconde Guerre mondiale.
V. 1950 Les pays des régions polaires du Nord se partagent l'océan Arctique.	**1956** Les États-Unis construisent une station scientifique au pôle Sud.	**1957-1958** Année géophysique internationale.
1959 Un sous-marin nucléaire américain fait surface au pôle Nord.	**1957-1958** Vivian Fuchs traverse l'Antarctique.	**1957** L'URSS met en orbite le premier satellite artificiel, *Spoutnik 1*.
1969 Wally Herbert effectue la première traversée de l'océan Arctique.	**1961** Entrée en vigueur du traité de l'Antarctique.	**1961** Construction du mur de Berlin en Allemagne.
1971 Signature d'un accord entre les Inuit d'Alaska et le gouvernement américain.	**Années 1970** Début de l'activité touristique sur le continent austral.	**1968** Assassinat de Martin Luther King aux États-Unis.
1979 Le Groenland obtient du Danemark le statut d'autonomie interne.	**1979** Un avion de la compagnie *Air New Zealand* transportant 257 passagers s'écrase sur l'île de Ross.	**1975** Les États-Unis se retirent du Viêt-nam.
1990 Création de l'IASC (Comité International Scientifique de l'Arctique).	**1992** La prospection minière est interdite en Antarctique pour une durée de 50 ans.	**1989** Destruction de mur de Berlin. **1991** Réunification de l'Allemagne.

Glossaire

B

banquise : amas de glaces flottantes formées par la congélation des eaux marines dans les régions polaires. La surface de la banquise varie selon les saisons (banquise d'hiver et banquise d'été).

blizzard : vent glacial souvent accompagné de tempêtes de neige dans le Grand Nord.

C

calotte glaciaire : très épaisse couche de glace de forme convexe qui recouvre les terres des régions polaires. La calotte glaciaire est particulièrement épaisse en Antarctique.

carotte : échantillon cylindrique (en forme de carotte) extrait du sol par sondage pour en analyser la nature.

climat : ensemble des éléments météorologiques et atmosphériques (pluies ou neiges, vents, températures, pression atmosphérique, etc.) propres à une région du monde.

colons : groupe d'individus quittant leur pays pour aller s'établir dans un autre afin de l'exploiter. Lorsqu'ils s'installent sur leurs nouvelles terres, les colons fondent une colonie.

courant marin : masse d'eau chaude ou d'eau froide qui se déplace à l'intérieur de l'océan.

E

Eurasie : masse continentale formée par l'Asie et son prolongement occidental, l'Europe.

G

géomètre : technicien chargé de mesurer les caractéristiques physiques d'un territoire (surface, élévation, etc.) et d'en établir les cartes.

H

hémisphère : chacune des deux moitiés du globe terrestre, délimitée par l'équateur. L'Arctique est situé dans l'hémisphère Nord, l'Antarctique dans l'hémisphère Sud.

homme de Neandertal : la découverte en 1856 d'un crâne humain fossile dans la vallée de Neandertal en Allemagne a donné ce nom à ce type d'homme appartenant à l'une des premières espèces humaines. Les hommes de Neandertal vivaient il y a environ 150 000 ans et furent remplacés vers 35000 av. J. C. par l'*Homo sapiens sapiens*, l'homme moderne.

M

magnétisme : force invisible qui s'exerce entre certains métaux. Le champ magnétique de la Terre est orienté Sud-Nord. C'est à cause de cette force que l'aiguille d'une boussole se dirige vers le pôle Nord magnétique.

mutinerie : révolte contre une autorité établie. En mer, les marins révoltés (les mutins) emprisonnent le capitaine et s'emparent du commandement du navire.

minute : unité de mesure d'angle égale à la soixantième partie d'un degré. Les latitudes et les longitudes sont mesurées en degrés et en minutes. Un angle d'une minute sur un méridien terrestre correspond à une distance d'un mille marin (1 952 m).

Moyen Âge : période de l'histoire du monde comprise entre la fin de l'Antiquité (v. 500) et le début des temps modernes (v. 1 500).

O

ovibos : mammifère ruminant proche du mouton par sa queue et sa toison. L'ovibos vivait dans les régions arctiques en se nourrissant de lichens et de mousses.

P

pack : dans les régions polaires, ensemble des glaces flottantes arrachées à la banquise par les courants marins et les vents.

phoquier : bateau spécialement équipé pour la chasse au phoque. Les phoques sont chassés pour leur fourrure et leur graisse abondante.

pôle magnétique : la Terre est un gigantesque aimant dont les deux pôles magnétiques, nord et sud, s'opposent. Les pôles magnétiques terrestres ne correspondent pas aux pôles géographiques. L'aiguille d'une boussole se dirige vers le pôle Nord magnétique, qui est situé au nord du Canada.

R

régions polaires : ensemble des terres et des mers gelées qui entourent les deux pôles géographiques terrestres.

S

scorbut : maladie provoquée par un régime alimentaire trop pauvre en vitamine C. Les marins atteints du scorbut ont les dents qui pourrissent et les membres douloureux. Les premiers navigateurs s'efforçaient de combattre la maladie en buvant du jus de citron vert.

T

toile goudronnée : toile que l'on enduit de goudron pour la rendre imperméable.

toundra : plaines désertiques des régions arctiques. Il y fait trop froid pour que les arbres puissent y pousser. La végétation est donc essentiellement composée de mousses, de lichens, de bruyères et de quelques plantes herbacées. En été, la toundra est recouverte de mares et de ruisseaux formés par la fonte des neiges.

traité : accord entre les gouvernements de plusieurs pays. Un traité peut mettre fin à une guerre ou officialiser des frontières. Il doit être signé par chacun des gouvernements concernés.

Index

Les mots **en gras** sont
définis dans le glossaire.

Édition originale : *Exploration into the Polar Regions*
Publié en Grande-Bretagne en 1994 par Belitha Press Limited,
London House, Great Eastern Wharf,
Parkgate Road, London SW11 4NQ

Copyright © pour ce format Belitha Press Limited 1994
Illustrations copyright © Robina Green 1994
Texte copyright © David Rootes 1994

Éditeur : Kate Scarborough
Maquette : Simon Borrough
Iconographie : Juliet Duff
Cartographie : Hardlines
Consultant : Ann Shirley

Édition française : © Bayard Éditions, 1996
3, rue Bayard, 75008 Paris

Adaptation française : OCTAVO Éditions
Traduction : Thomas Guidicelli

ISBN 2-227-73502-3
Dépôt légal novembre 1996

Loi 49956 du 16 juillet 1949
sur les publications destinées à la jeunesse

Tous droits réservés
Imprimé à Hong-Kong

Crédit photographique

Bryan et Cherry Alexander, 1, 6 en bas, 9 en haut, 29 en bas, 41 en bas, 45 à droite ; Ancient Art et Architecture Collection 28 en haut ; Bridgeman Art Library 2, 7 en haut British Library, 18 au centre Giraudon, 19 en bas, 30 en bas ; British Antarctic Survey 39 en bas, 43 en bas ; ET Archives 14 à droite, 20 au centre, 21 en bas, 24 en haut ; Mary Evans Picture Library 7 en bas, 25 en bas, 27 au centre ; Werner Forman Archives 6 en haut, 15 en bas, 17 en haut ; John Hancock Mutual Life Insurance Company, Boston, Massachusetts 26 en bas ; Robert Harding Picture Library, 13 au centre, 23 en haut à gauche, 39 en haut ; Michael Holford 29 en haut ; Hulton Deutsch Collection 21 en haut, 37 en bas et encadré ; Mansell Collection 14 à gauche, 22 à droite, 35 en bas ; NASA 45 à gauche ; Nasjonalgalleriet, Oslo 16 en bas ; National Maritime Museum, Greenwich 23 en bas, 30 en haut, 32 en haut ; Peter Newark's Pictures 17 en bas, 19 en haut, 24 au centre, 28 en bas ; Novosti Photo Library 31 en bas, 41 en haut ; Oxford Scientific Films Ltd 11 en haut à gauche Ben Osborne, 13 en haut Doug Allan, 33 en bas Kim Westerskov, 43 en haut Colin Monteath ; Planet Earth Pictures 9 en bas ; Royal Geographical Society 11 en bas, 25 en haut, 26 en haut, 34 au centre, 36 à gauche, 38 en bas, 44 ; Science Photo Library 11 en haut à droite, 42 ; Scott Polar Research Insitute, Cambridge 23 en haut à droite, 27 en haut à gauche, 32 en bas, 34 en bas, 37 au centre.

Pour la couverture :
Cosmos - B&C Alexander (Esquimaux) ;
Explorer - Jean-Paul Ferrero (paysage).